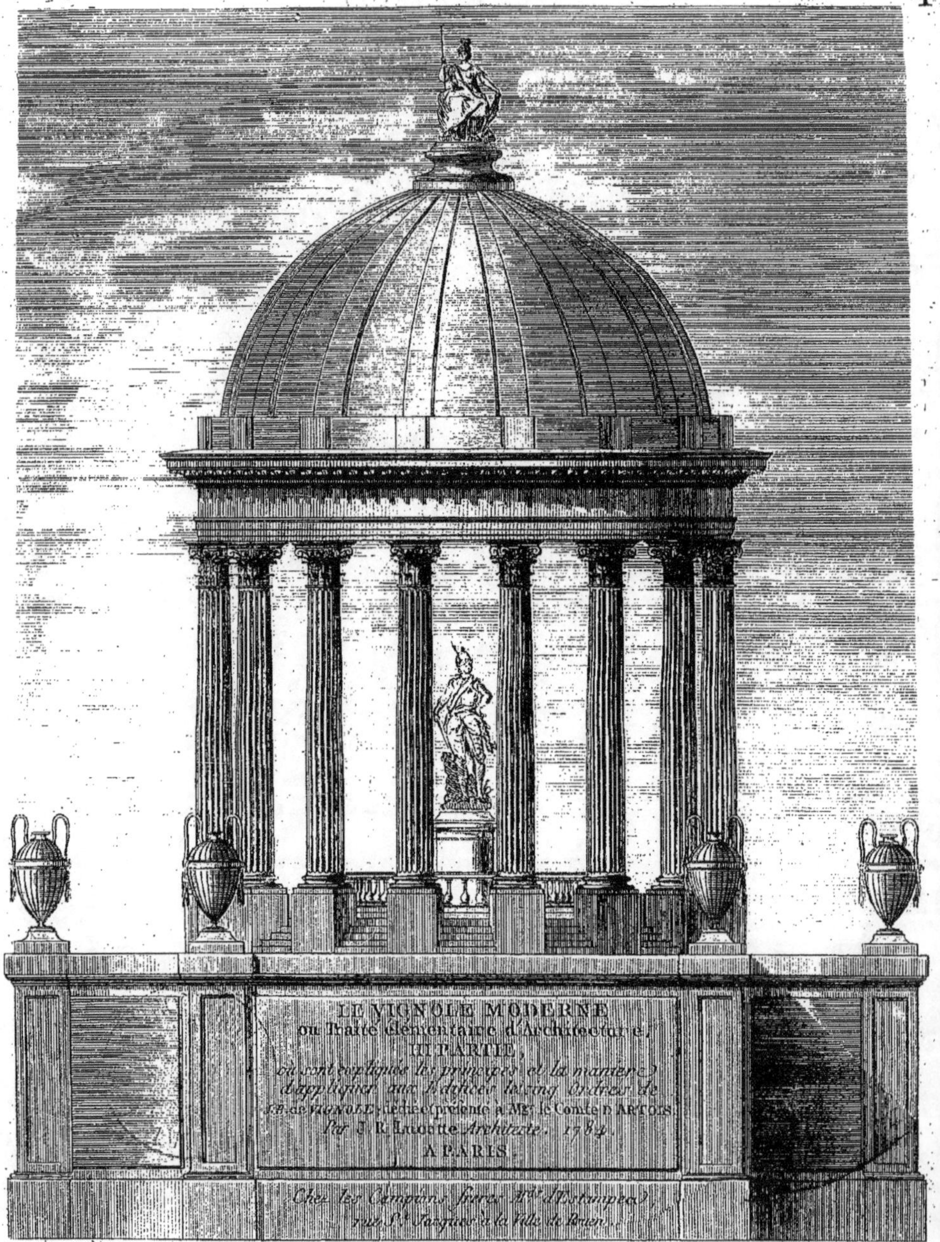

I

LE VIGNOLE MODERNE

ou Traité élémentaire d'Architecture,

III PARTIE,

où sont expliqués les principes et la manière d'appliquer aux Edifices les cinq Ordres de J.B. de VIGNOLE, dedié et présenté à Mgr. le Comte d'ARTOIS

Par J. R. Lucotte Architecte. 1784.

A PARIS.

Chez les Campions frères Mds d'Estampes, rue St Jacques à la Ville de Rouen.

A MONSEIGNEUR
COMTE
D'ARTOIS.

ONSEIGNEUR,

Agréez l'hommage de cette troisieme partie du Vignole Moderne; *la protection que votre Altesse*

Royale a bien voulu accorder aux deux premieres, a fait leur ſuccès ; puiſſe celle-ci lui être agréable, & mériter comme elles un accueil favorable.

Je ſuis, avec un très-profond reſpect,

MONSEIGNEUR,

De votre Alteſſe Royale,

Le très-humble & très-obéiſſant
Serviteur, LUCOTTE.

PRÉFACE.

DANS cette troisieme partie (du Vignole Moderne) j'ai enseigné la maniere de faire une juste application de tous les objets contenus dans les deux premieres; j'ai traité de l'usage des colonnes & des pilastres, & de la forme que les Anciens leur donnoient, des entrecolonnements, des accouplements, des grouppes, & des portiques des Ordres symboliques composés & décomposés, & des divers systêmes, tant anciens que modernes; sur tous ces objets, j'ai exposé aux yeux des Eleves le caractere des Ordres & leur convenance, celui des Ordres subalternes, & leur correspondance avec les premiers; j'ai distingué dans les uns & les autres un style & une expression, je leur ai appris à juger des différents genres, à faire un choix judicieux & éclairé dans leurs productions, à se rendre compte des ressources qui souvent deviennent nécessaires, en un mot j'ai enseigné à concilier l'économie, la solidité, la simplicité & la convenance; j'ai conçu la nécessité d'y joindre les préceptes des Auteurs les plus célebres; & par un examen réfléchi, des ouvrages en réputation; j'ai déterminé, autant qu'il m'a été possible, le génie, la beauté des formes, & le bon goût, qui doit se manifester dans toutes les parties de la décoration.

APPROBATION.

J'AI lu, par ordre de Monseigneur le Garde des Sceaux, *le Vignole Moderne*, &c. & je pense que les divers systêmes sur les Arts contribuant à leur progrès, cet Ouvrage, qui offre aussi des principes sur l'Architecture, peut être bien accueilli. A Paris, le 7 Mai 1781. ROBIN.

PRIVILEGE.

LOUIS, par la grace de Dieu, Roi de France & de Navarre: A nos amés & féaux Conseillers les Gens tenants nos Cours de Parlement, Maîtres des Requêtes ordinaires de notre Hôtel, Grand-Conseil, Prévôt de Paris, Baillifs, Sénéchaux, leurs Lieutenants Civils & autres nos Justiciers qu'il appartiendra: SALUT. Nos amés les Sieurs CAMPION, freres, nous ont fait exposer qu'ils desireroient faire graver & donner au Public *le Portrait de M. le Comte d'Estaing, la Bacchante enivrée, le Satyre amoureux, le retour du Laboureur, le Lever de la Mariée, deux cahiers de Principes, & le Vignole Moderne*, s'il nous plaisoit leur accorder nos Lettres sur ce nécessaires. A CES CAUSES, voulant favorablement traiter les Exposants, Nous leur avons permis & permettons par ces Présentes, de faire graver lesdits Ouvrages en telle forme & autant de fois que bon leur semblera, & de les vendre, faire vendre & débiter par tout notre Royaume, pendant l'espace de dix années consécutives, à compter du jour de la date des Présentes. Faisons défenses à tous Dessinateurs, Graveurs, & autres personnes de quelque qualité & condition qu'elles soient, de graver, ni faire graver, débiter, ni faire débiter lesdits Ouvrages, d'en introduire dans notre Royaume de gravures étrangeres, ni d'en faire aucuns extraits, sous quelque prétexte que ce puisse être, sans la permission expresse & par écrit desdits Exposants, ou de ceux qui les représenteront, à peine de saisie, tant des Desseins, Planches & Estampes, que des ustensiles qui auroient servi à la contrefaçon, que Nous entendons être saisis en quelques lieux qu'ils soient, de six mille livres d'amende, qui ne pourra être modérée, pour la premiere fois, de pareille amende & de déchéance d'état en cas de récidive, & de tous dépens, dommages & intérêts, conformément à l'Arrêt du Conseil du 30 Août 1777, concernant les contrefaçons: A la charge que ces Présentes seront enregistrées tout au long sur le Registre de la Communauté des Imprimeurs & Libraires de Paris, dans trois mois de la date d'icelles; que l'impression ou gravures desdits Ouvrages sera faite dans notre Royaume & non ailleurs; qu'auparavant de les mettre en vente, les Desseins ou Estampes qui auront servi à la gravures des planches, seront remis, dans le même état où l'Approbation y aura été donnée, ès-mains de notre très-cher & féal Chevalier, Garde des Sceaux de France, le Sieur HUE DE MIROMENIL; qu'il en sera ensuite remis deux exemplaires dans notre Bibliotheque publique, un dans celle de notre Château du Louvre, un dans celle de notre très-cher & féal Chevalier, Chancelier de France, le Sieur DE MAUPEOU, & un dans celle dudit Sieur HUE DE MIROMENIL; le tout à peine de nullité des Présentes: du contenu desquelles vous mandons & enjoignons de faire jouir lesdits Exposants & leurs ayants causes, pleinement & paisiblement, sans qu'il leur soit fait aucun trouble ou empêchement. Voulons qu'en mettant en quelqu'endroit desdits Ouvrages ces mots, *avec Privilege du Roi*, ces Présentes soient tenues pour duement signifiées. Commandons au premier notre Huissier ou Sergent sur ce requis, de faire, pour l'exécution d'icelles, tous actes requis & nécessaires, sans demander autre permission, nonobstant clameur de Haro, Chatre Normande, & Lettres à ce contraires. Car tel est notre plaisir. Donné à Paris, le vingt-troisieme jour du mois de Mai, l'an de grace mil sept cent quatre-vingt, & de notre regne le septieme. Par le Roi en son Conseil. LE BEGUE.

Registré sur le Registre XXI de la Chambre Royale & Syndicale des Libraires & Imprimeus de Paris, N° 2088, fol. 304, conformément aux dispositions énoncées dans le présent Privilege; & à la charge de remettre à ladite Chambre les huit exemplaires prescrits par l'article CVIII du Réglement de 1723. A Paris, ce 27 Mai 1780. LECLERC, Syndic.

LE

LE VIGNOLE MODERNE,

OU

TRAITÉ ÉLÉMENTAIRE D'ARCHITECTURE.

TROISIEME PARTIE.

Où ſont expliqués les Principes & la maniere d'appliquer aux Edifices les Ordres de J. B. de Vignole.

PLANCHE PREMIERE.

E Frontiſpice repréſente un Temple dédié au Protecteur de cet Ouvrage; au milieu eſt ſa Statue pédeſtre en bronze, élevée ſur un piedeſtal d'un marbre très-précieux; une baluſtrade de pareil marbre en défend l'approche; aux quatre angles ſont des Autels auſſi de marbre deſtinés aux Offrandes. Ce Temple d'un Ordre le plus ſomptueux & le plus magnifique de tous, eſt élevé ſur un ſoubaſſement diſtribué de perrons par où le peuple vient en foule préſenter ſon encens & ſes hommages.

CHAPITRE PREMIER.

DE L'ORDRE.

Nous avons vu dans la premiere Partie ce que c'étoit qu'un Ordre, nous avons appris qu'il étoit composé de trois parties principales, piedestal, colonne & entablement, que le rapport du piedestal à la colonne, suivant Vignole, étoit d'un à trois; quoique plusieurs Architectes l'aient réduit à moins de hauteur, j'ai reconnu, comme la plûpart, que cette proportion du piedestal rendoit l'Ordre petit & mesquin, comme on peut le remarquer dans l'intérieur du Louvre; en conséquence, j'ai cru nécessaire de le supprimer comme un abus de l'Art inventé par les modernes; la saillie des bases & des corniches rétrécissant les pieces des appartements & produisant des portes-à-faux dans les étages supérieurs; & comme nos Architectes modernes, je leur ai substitué un socle qui semble donner à l'Ordre plus de grandeur & de majesté, comme au Portail de Saint-Gervais, de Saint-Sulpice, de Sainte-Genevieve, à l'Orangerie de Versailles & ailleurs.

PLANCHE II.

Il faut observer que le socle A, Figure premiere dont je parle, n'est qu'une partie du piedestal auquel on a ôté la base & la corniche, & auquel cependant on ajoute un empatement ou retraite B, pour le distinguer du plinthe C, de la base de la colonne, & en même-temps exhausser l'Ordonnance. Sa hauteur assez indéterminée differe depuis un jusqu'à deux diametres, quoiqu'il arrive que pour exhausser l'Ordre sans rendre pour cela le socle plus élevé, on ajoute un deuxieme socle B, Figure seconde, d'environ un module de hauteur, exhaussement qui contribue beaucoup à la grandeur de l'Ordonnance, & qui, en s'éloignant davantage du socle, la préserve encore plus de l'humidité de la terre & des dégradations occasionnées par les charrois.

Nous avons vu que le rapport du diametre à la hauteur de la colonne, déterminoit très-précisément toutes les dimensions de l'Ordonnance. L'on entend par Ordonnance l'union du piedestal de la colonne, de l'entablement, & souvent d'un amortissement qui le termine piramidalement, au lieu que l'Ordre, proprement dit, est seulement la colonne composée de sa base, de son fût & de son chapiteau; ce que je dis de la colonne, je le dis aussi du pilastre qui n'en differe que parce qu'il est quarré par son plan, & qu'il ne doit point souffrir de diminution vers son sommet comme la colonne, quoique quelques Architectes aient jugé à propos d'en user autrement, & de tomber dans un défaut qui choque l'œil; il est vrai aussi qu'il résulte un inconvénient de ne pas admettre cette diminution du pilastre; par exemple, lorsque l'on place des pilastres A, Figure 3, derriere les colonnes isolées B. le nud de l'entablement alors à-plomb de ces dernieres ne peut l'être des pilastres, si leur fût ne suit celui des ces colonnes, c'est-à-dire, s'il ne diminue aussi comme elles; seroit-il mieux que le nud de l'entablement C fût à-plomb des pilastres sans diminution, & en porte-à-faux sur les colonnes; défaut contraire à la solidité, & en conséquence, moins tolérable. Je vais donner une méthode moyenne; la différence des deux diametres A B & C D, Figure 4, étant de deux minutes, partageons-la en deux également en E, & plaçons y le nud de l'entablement suivant une ligne D E, en retraite d'une minute sur le pilastre & en porte-à-faux d'autant sur la colonne du côté de la partie latérale seulement, le défaut ne peut être alors que d'une minute, l'expérience nous apprend qu'il devient imperceptible dans l'exécution, & corrige parfaitement l'irrégularité.

Nous avons reconnu que la beauté & la grace d'une colonne dépendoit de sa diminution vers son sommet, en commençant du tiers inférieur A B, Figure 5; ce sentiment a été universellement suivi par tous les Architectes. Plusieurs néanmoins, Figure 6, pour enchérir sur cette découverte ont cru ajouter à son mérite en faisant commencer cette diminution du bas de la colonne; d'autres, Figure 7, en lui donnant une diminution de deux minutes vers le bas, en sorte que le diametre réel de la colonne ne pouvoit être admis qu'à son tiers juste A B, ce qui lui a fait donner le nom de colonne renflée; d'autres encore, Figure 8, en laissant vingt-quatre minutes au fût inférieur, donnant vingt-six minutes au tiers inférieur A B, ce qui en a fait réellement une colonne renflée, de maniere que loin de conserver une diminution convenable, elle a acquis un plus grand diametre & perdu son principal mérite; d'autres enfin ont placé cette diminution, tantôt à la moitié de la hauteur du fût A B, Figure 9, tantôt aux deux cinquiemes A B, Figure 10, plus ou moins, en sorte qu'ayant été imités par la suite, l'abus a prévalu sur les principes, on oublia que les grands Maîtres avoient observé, suivi & souvent surpassé la nature par le secours de l'art. Loin d'applaudir à ces innovations, nous devons les regarder au contraire comme des écarts d'imagination qui ne tendent qu'à corrompre les formes originales, à égarer les Artistes & faire oublier les vrais préceptes ; je pense donc qu'il est mieux de s'en tenir aux colonnes diminuées depuis le tiers inférieur, que rarement elles doivent diminuer vers le bas, bien moins encore renfler vers le milieu. Ces derniers offrant toujours aux spectateurs l'idée d'un corps affaissé par le poids de l'entablement.

Nous devons observer encore que le fût des colonnes peut être ou lisse ou décoré de bossages, de cannelures, rudentures ou autres ornements, les bossages étant un plus ajouté doivent être consacrés aux Ordres rustiques. Ce genre d'ornement saillant qui exige beaucoup de circonspection, ne peut être appliqué qu'aux Arcenaux & aux prisons, ainsi qu'aux Ouvrages Militaires & Maritimes, & rarement ailleurs ; quoique le célebre Debrosses en ait fait usage aux Ordres Toscans & Doriques du Palais du Luxembourg. Ces bossages sont ou continus ou alternatifs ; dans le premier cas, s'ils se touchent, ils doivent être distingués l'un de l'autre par un joint dont les arrêtes extérieures sont souvent arrondies, comme à la façade du bâtiment de la Monnoie ; s'ils ne se touchent point, l'intervalle de l'un à l'autre doit faire une espece de refend d'environ la douzieme partie de la hauteur du bossage ; dans le deuxieme cas, ils doivent être distribués en nombre impair, & de maniere qu'il ne puisse se rencontrer sur le fût de la colonne & du pilastre, deux bossages ou deux intervalles de suite ; cette derniere méthode préférable, laisse libre le rapport du diametre de la colonne à sa hauteur, ce que les bossages continus ne peuvent permettre que difficilement ; cet accroissement à la colonne altérant nécessairement la proportion réelle de l'Ordre, on les a réservés pour la décoration des Marchés publics, des Prisons, des Aqueducs, des Arcenaux & autres Ouvrages rustiques. Palladio & Vitruve observant que les Ouvrages de cette espece, décorés sur-tout de ce genre d'ornement, devoient être dépourvus de moulures & autres membres, ont supprimé le listel qui couronne le tailloir du chapiteau, ce qui devient nécessaire en cette occasion. Nous observerons qu'assez mal-à-propos Debrosses a décoré l'habitation d'un grand Prince de deux Ordres simples, l'un pauvre nullement susceptible de richesses, & dont le caractere pesant & grossier ne peut convenir à la décoration d'un Palais ; que loin de lui avoir conservé au moins sa simplicité primitive, il lui a donné des ornements massifs & lourds, que contre toute vraisemblance, il a multiplié ces mêmes ornements, dans l'Ordonnance solide, défaut de bienséance intolérable qui donne à cet édifice, grand & majestueux par lui-même, un caractere tout-à-fait opposé à celui qui lui convient.

La hauteur ordinaire des bossages doit être d'environ un module, & leur saillie d'environ la douzieme partie de leur hauteur; leur forme differe beaucoup, les uns suivent le contour des colonnes, & ressemblent à des ceintures de plusieurs sortes dont les arrêtes sont aigues ou arrondies; les autres sont à pans coupés ou quarrés par leur plan, ce qui ajoute encore à la rusticité de l'Ordre; les uns & les autres sont cannelés, rudentés, piqués, rustiqués, à congellations ou chargés d'ornements souvent peu convenables & analogues au genre rustique, quoiqu'on ait affecté d'en multiplier un grand nombre de cette espece aux Galleries du Louvre & au Château des Tuileries.

Les cannelures sont des cavités pratiquées dans l'épaisseur du fût des colonnes & des pilastres qui ajoutent beaucoup à la richesse de l'Ordre, aussi sont-elles réservées particulierement aux Ordres délicats. Distribuées symétriquement & décorées d'ornements, elles donnent à l'Ordre une richesse agréable qui plaît à tous les yeux connoisseurs : on en voit de différentes sortes & arrangées de diverses manieres aux Chateaux de Maisons, des Tuileries, du Louvre & ailleurs.

PLANCHE III.

Les chapiteaux dont Vignole nous a donné les dimensions ont été presque généralement reçus de tous les Architectes François. Quelques-uns néanmoins y ont fait des suppressions & des altérations. Palladio & Vitruve nous ont donné des exemples de chapiteaux Toscans plus simples & plus rustiques; nous voyons dans quelques bâtiments antiques des cimaises de chapiteau applaties, d'autres rudentées, quelquefois sans tailloir, souvent de mauvais goût, tels que le représentent les Figures 1, 2, 3, 4 & 5, singularité extravagante imitée par quelques Architectes modernes, & à laquelle nos yeux peuvent à peine s'accoutumer. Michel-Ange nous a donné un nouveau chapiteau ionique, plus agréable que celui de Vignole, auquel on a aussi ajouté & dimiminué, chaque Artiste voyant à sa maniere; Perault dans son péristile du Louvre, nous a donné des chapiteaux Corinthiens qui ont plus de grâce & d'élégance que ceux de Vignole, & qui ont été imités aux Pavillons de la Place de Louis XV. Briseux nous en a donné de plusieurs especes dans son Traité d'Architecture; quoi qu'il en soit de toutes leurs découvertes, ils n'ont pu ajouter aux Ordres que fort peu de choses, aussi ai-je fait peu de changements à cet égard dans les dimensions que j'en ai données.

L'entablement qui est le couronnement de l'Ordre, termine parfaitement l'Ordonnance; ceux que Vignole nous a donnés ont été presque universellement imités; le Composite de Palladio seul a été préféré à cause de son caractere nourri, mâle & un peu moins délicat que celui de Vignole; mais presque tous nos Architectes modernes, pour montrer du nouveau, par affectation ou autres raisons, ont souvent altéré & même supprimé des membres & des parties, les uns ont ôté une partie de la cimaise supérieure, comme membre trop saillant d'une corniche vu du pied de l'Ordonnance, ce qu'on a observé dans plusieurs de nos Temples; les autres pour éviter les grandes saillies ont fait les larmiers rampants, d'autres ont supprimé la frise & quelquefois l'architrave, lorsque leur entablement avoit trop de hauteur, surtout dans la décoration intérieure des appartements; d'autres enfin, suivant le goût & la convenance, nous ont donné des corniches de différentes sortes, de différentes formes & diversement ornées.

CHAPITRE II.

DES COLONNES.

EN parlant des colonnes, je crois devoir ajouter que leur plan doit être circulaire & jamais ovale, Figure 6, comme au Portail de la Merci, ou à pan coupé, Figure 7, & quarrées qui leur donne différens diametres, suivant le côté où on les considere, jamais nichées, Figure 8, pénétrées, Figure 9, engagées dans les pilastres, Figure 10, ou trop engagées dans les murs, Figure 11; ce qui leur fait perdre leur véritable diametre: que lorsqu'on les fait quarrées on les appelle pilastres, & pour lors ils ne doivent jamais être isolés, mais au contraire engagés dans l'épaisseur des murs d'un quart de leur largeur au plus, & d'un sixieme au moins.

Les pilastres font naître des vices plus ou moins désagréables, suivant la maniere dont ils se trouvent engagés; il n'y en a que deux qui ne puissent point blesser l'œil; la premiere, lorsque le pilastre est engagé dans un milieu, Figure 12, & la seconde, lorsqu'il est engagé dans un angle, Figure 13. Tous les autres qu'on appelle quarts de pilastre A, Figure 14, demi-pilastre A, Figure 15, pilastre plié A, Figure 16, double pilastre A, Figure 17, à angle obtus A, Figure 18, à angle aigu A, Figure 19, à pan coupé A Figures 20 & 21, &c. font des pénétrations ou des mutillations dans les bases & chapiteaux, défaut contraire à la vraisemblance & au bon goût.

Les colonnes reçoivent différentes dénominations, suivant leur disposition, leur forme, leur construction & la matiere dont elles sont composées.

Les colonnes solitaires, Figure 22, sont celles qui sont éloignées les unes des autres, ainsi que des murs au-devant desquels elles sont placées, telles sont celles des bâtimens de la place de Louis XV, à Paris, ou celles qui dans une place publique sont élevées à la mémoire des Héros ; telles sont à Rome les colonnes Antonine & Trajane, ou pour servir d'Observatoire, telle étoit celle de l'ancien Hôtel de Soissons, aujourd'hui la Halle au bled, à laquelle elle est présentement engagée.

Les colonnes adossées, Figure 23, sont celles qui sont fort près des murs & des pilastres au-devant desquels elles sont placées, ou lorsque la surface des murs & des pilastres font tangentes à celle du fût inférieur des colonnes, telles sont celles du Portail de l'Eglise de Saint-Gervais à Paris.

Les colonnes engagées, Figure 24, sont celles qui pénetrent les murs d'un sixieme, d'un quart, d'un tiers & quelquefois de la moitié de leur diametre ; telles sont les colonnes intérieures du porche de l'Eglise de Saint-Sulpice, celles des bas-côtés de l'Eglise de Sainte-Genevieve ; ou qui pénetrent les pilastres contre lesquels elles sont appuyées, telles sont les colonnes des Chapelles du Dôme des invalides, celles du Portail de l'Eglise de Saint-Roch.

Les colonnes nichées, Figure 25, sont celles qui sont comprises pour la plus grande partie dans l'épaisseur des murs de face creusés circulairement ; telles sont celles du Frontispice de la Culture-Sainte-Catherine, à Paris ; & telles étoient celles de l'ancienne porte d'entrée du Palais Royal.

Les colonnes accouplées, Figure 26, sont celles dont les bases se touchent sans se pénétrer ; telles sont celles du péristile du Louvre & beaucoup d'autres.

Les colonnes grouppées, Figure 27, sont celles qui, étant réunies, forment un groupe sur différents plans telles sont celles placées aux angles de l'avant-corps du péristile du Louvre, ou qui, plus éloignées que les colonnes accouplées ne peuvent former entrecolonnement, qui, pour être tel, doit avoir au moins un diametre & demi d'intervalle d'une colonne à l'autre.

Les colonnes jumelles, Figure 28, sont celles qui, étant réunies, se pénetrent l'une l'autre; telles ſont celles des angles rentrants des avant-corps de l'intérieur du Louvre.

Les colonnes en faiſceaux, Figure 29, ſont celles qui ſont compoſées de pluſieurs petites colonnes réunies formant un pilier, tels ſont preſque tous les piliers gothiques.

PLANCHE IV.

DES COLONNES DE CARACTERE.

Les colonnes cilindriques, Figure 1, ſont celles qui, n'ayant ni diminution, ni renflement ſont de même diametre dans toute leur hauteur, tels ſont la plupart de nos piliers gothiques.

Les colonnes ruſtiques, Figure 2, ſont celles qui ſont ornées de boſſages continus ou alternatifs, telles étoient celles de la Grotte de Meudon, par Philibert Delorme.

Les colonnes belliques, Figure 3, repréſentées le plus ſouvent par des Ordres ruſtiques & ſolides, ſont celles dont le fût imite un canon; telles par exemple, celles qui décorent la porte d'entrée de l'Arcenal du côté des Céleſtins à Paris.

Les colonnes bandées, Figure 4, ſont celles qui ſont décorées de boſſages, telles ſont celles du Palais du Luxembourg, des guichets du Louvre, & autres.

Les colonnes torſes ſont celles dont le fût eſt contourné en vis ou ſpirale, telles ſont celles de l'Egliſe de Rome, des Invalides & du Val-de-Grace à Paris.

Les Colonnes évuidées torſes ou torſes évuidées, Figure 5, ſont celles qui ſont compoſées de pluſieurs tiges contournées en vis ou ſpirale.

Les colonnes paſtorales, Figure 6, deſtinées aux décorations champêtres, & qui, pour cette raiſon, doivent être d'Ordre Toſcan, ſont celles dont le fût imite par la taille de la pierre les écorces & les troncs d'arbres dont on conſtruiſoit les premieres habitations des hommes.

Les colonnes marines, Figure 7, ſont celles dont le fût eſt revêtu de congellations, eſpece de glaçons, telles ſont les colonnes de la Grotte du Jardin du Luxembourg.

Les colonnes hydrauliques, Figure 8, ſont celles qui, à l'aide de l'hydraulique, forment un ſolide de cryſtal, telles ſont celles du Château de Commerci

merci en Lorraine, tels encore à peu-près de même genre les pilastres & piramides du bosquet de l'Arc de Triomphe dans les Jardins de Versailles : on donne aussi ce nom aux colonnes du sommet desquelles sort un jet, gerbe ou bouillon d'eau qui se répand par cascades, ou autrement le long des colonnes; telles sont celles de Belvedere à Frescati, & de la Vigne Mathéi à Rome.

Les colonnes de rocailles, Figure 9, sont celles qui, à l'usage des fontaines & des grottes, sont revêtues de coquillages & pétrifications.

Les colonnes de treillages, Figure 10, sont celles qui, destinées aux décorations des Jardins & Parcs, sont faites en petits bois d'échalas & de boisseaux; telles sont celles du Parc de Chantilly, de Clagny, de Versailles, & autres Jardins de propreté.

Les colonnes fuselées sont celles dont le renflement est sensible; telles sont celles du Frontispice de l'Eglise de Sainte-Marie, près la porte Saint-Antoine.

Les colonnes lisses sont celles qui n'ont point de bossages, de cannelures ou autres ornements; telles sont celles des Portails de l'Oratoire, de Saint-Roch, des Théatins & autres.

Les colonnes cannelées sont celles qui, dans les deux tiers supérieurs, ou la hauteur totale du fût, sont ornées de canaux & de listaux, souvent enrichis de rudentures; telles sont celles des Pavillons du Palais des Tuileries du côté du Jardin; telles encore celles des Autels des Eglises du Val-de-Grace & des Invalides, dont les cannelures sont contournées en spirale, imitation de celles du Temple de Trévi en Italie.

Les colonnes massives sont celles qui, ayant moins de hauteur que n'exige l'Ordre, sont trop courtes & trop matérielles; telles sont les colonnes doriques de l'Hôtel de Rohan.

Les colonnes grêles sont celles qui, ayant plus de hauteur que n'exige l'Ordre, sont trop hautes & trop sveltes; telles sont les colonnes doriques du portique de la Cour Royale du Château de Vincennes.

Les colonnes diaphanes sont celles qui sont faites de matieres transparentes; telles étoient celles du Théâtre de Scaurus, rapporté par Pline, & celles en marbre d'albâtre de l'Eglise de Saint-Marc à Venise.

Les colonnes métalliques sont celles qui sont faites de fonte de fer ou de bronze, telles sont celles d'Ordre Corinthien de Saint-Jean de Latran à Rome.

Les colonnes précieuses sont celles qui sont faites de jaspe oriental, de lapis, d'avanturine, d'agathe, ou autre matiere d'un grand prix; telles ſont celles de la Chapelle Pauline de Sainte-Marie Majeure à Rome, conſtruites de jaſpe oriental.

Les colonnes variées ſont celles dont les baſes, fûts & chapiteaux ſont de divers marbres, bronze ou autres matieres; telles ſont celles du Périſtile de Trianon, du Maître-Autel des Egliſes de Val-du-Grace & de la Sorbonne, du Château des Tuileries & ailleurs.

Les colonnes incruſtées ſont celles qui, étant de matiere précieuſe, & ne pouvant parconſéquent être d'un ſeul morceau, ſont faites de pluſieurs tranches ſcellées & maſtiquées ſur un noyeau de brique ou de pierre.

Les colonnes par tronçons ſont celles qui ſont faites de deux ou trois morceaux de pierre; telles ſont celles des écuries du Château de Maiſons.

Les colonnes par tambour ſont celles dont le fût eſt conſtruit de pluſieurs aſſiſes de pierre; telles ſont celles du Portail de Saint-Sulpice, du Périſtile du Louvre, de la place de Louis XV, & autres.

Les colonnes de maçonnerie ſont celles qui ſont conſtruites en moëlons ou briques apparentes, telles ſont quelques-unes de cette derniere eſpece au Château *de Madrid; ou recouvertes* de plâtre, comme celles de la façade principale du Spectacle d'Audinot ſur les Boulevards du nord à Paris.

Les colonnes majeures ſont celles qui embraſſent au moins la hauteur d'un étage.

Les colonnes mineures ſont celles qui, étant plus petites que celles de l'Ordre qui préſide, décore une porte ou croiſée; telles ſont celles du ſecond Ordre du Portail du Val-de-Grace, & celles des bâtiments en aîle de la cour intérieure de l'Ecole de Chirurgie à Paris.

Les colonnes coloſſales ſont celles qui embraſſent pluſieurs étages indiqués par les croiſées; telles ſont celles de la façade des Enfants-Trouvés, près Notre-Dame, de la place des Victoires, de Vendôme & de Louis XV.

Les colonnes naines ſont des eſpeces de petites colonnes, autrement appellées baluſtres, employées dans les baluſtrades.

Les colonnes régulieres ſont celles qui ſont déterminées par la hauteur de l'étage, & dont la proportion indique le caractere & l'expreſſion de tous les membres qui contribuent à la décoration; telles ſont celles du Château de Maiſons.

PLANCHE V.

DES COLONNES SYMBOLIQUES.

Nous avons vu en parlant de l'origine des Ordres subalternes, que les Grecs, après avoir vaincu les peuples voisins, substituerent aux colonnes la représentation de leurs ennemis; insensiblement ils s'accoutumerent à des symboles dont ils enrichirent par la suite le fût de leurs colonnes; richesse qui, loin d'ajouter à la beauté des trois Ordres qu'ils avoient imaginé, leur fit perdre cette belle proportion qui en avoit fait des chef-d'œuvres; épris de ces nouveautés, on les imita avec moins de génie, de perfection & même de convenance; on s'éloigna de la vraisemblance au point d'appliquer des ornements rustiques aux colonnes délicates, des bossages & des cannelures rustiques surchargées d'ornements, des parties massives alliées à des parties délicates. Enfin, un assemblage de membres de toute espece acheva d'enlever à l'Architecture la naïveté & la simplicité qu'on y avoit remarqué jusqu'alors; cependant toutes ces allégories, tous ces symboles employés avec discernement ont encore leur mérite en exécution; examinons, étudions-les, & n'en faisons usage dans la décorationque par nécessité; ressouvenons-nous de n'employer sur le fût des colonnes que les ornements qui leurs conviennent, & de n'admettre de ces attributs & symboles que dans les parties lisses, tels que les socles, soubassements, tables, &c.

Les colonnes funéraires, Figure premiere, sont celles qui, étant destinées aux tombeaux, sépultures, ou cataphalques, sont ornées de larmes & flammes surmontées quelquefois d'une urne; telles sont celles de la Chapelle d'Orléans, aux Célestins à Paris.

Les colonnes chronologiques, Figure 2, sont celles qui, étant élevées au milieu d'une place publique, d'un carrefour, d'une forêt ou d'un grand chemin, contiennent des inscriptions.

Les colonnes astronomiques, Figure 3, sont celles qui sont destinées à servir d'Observatoire; telle que l'a été la colonne de l'Hôtel de Soissons à Paris.

Les colonnes gnomoniques, Figure 4, sont celles qui sont destinées à marquer les heures du jour, par l'ombre d'un style; telle est celle du Jardin du Roi & actuellement celle de la Halle au bled à Paris.

Les colonnes nationales, Figure 5, sont celles qui, par des attributs ou allégories, désignent la nation & le motif qui les a fait élever; telle, par exemple, une colonne parsemée de fleurs de lys, & son chapiteau décoré d'un coq, symbole de la France.

Les colonnes mémoriales, Figure 6, sont celles qui ont été construites à l'occasion d'un évenement particulier; telle est celle qui est placée au milieu de la ville de Londres, à l'occasion de l'incendie de 1666; telle encore celle quit fut placée sur le bord du Rhin, à l'occasion du passage de ce fleuve, par Gustave.

Les colonnes historiques, Fig. 7, sont celles dont le fût est orné de bas-reliefs distribués en ceintures spirales ou horisontales, représentant les principales actions des Héros, telle que la colonne Trajane à Rome.

Les colonnes rostrales, Fig. 8, sont celles qui, érigées en l'honneur d'un Amiral ou de quelque victoire navale, sont décorées de proües, de vaisseaux; telles sont les colonnes doriques de la principale porte d'entrée du Château de Richelieu.

Les colonnes héroïques & triomphales, Fig. 9 & 10, sont celles qui, étant construites au milieu d'une place publique, sont terminées par la statue pédestre ou équestre d'un Prince ou d'un Héros élevé sur un socle; le pied de ces collonnes est le plus souvent orné de piedestaux & socles portant des Figures analogues aux vertus des Princes ou Héros en l'honneur de qui elles ont été élevées.

Les colonnes phosphoriques sont celles, qui, placées sur le bord de la mer à l'extrémité d'un môle (a) ou à l'entrée d'un écueil, sont destinées à servir de fanal pour éclairer les vaisseaux pendant la nuit.

(a) Un môle est une jettée ou langue de terre qui s'avance au loin dans la mer.

CHAPITRE III.

PLANCHE VI.

Des Entrecolonnemens.

On appelle entrecolonnement les espaces compris entre les colonnes; c'étoit, suivant les anciens, une beauté essentielle dans la décoration des édifices : la proportion & l'élégance qu'ils y affectoient, étoient devenues parmi eux une loi dont on ne pouvoit s'écarter; la largeur avoit d'abord été déterminée par la longueur des travées (*a*), & comme tous leurs édifices étoient en pierre, ces travées ne pouvoient excéder la longueur des pierres qu'ils avoient sans blesser la solidité, ce qu'on avoit fixé pour chaque qualité; les linteaux (*b*) qui se faisoient en bois, pouvoient permettre de faire des entrecolonnemens plus larges; nouvelle proportion qui annonçoit moins d'importance dans les bâtiments, & qui détermina pour lors à établir des rapports relatifs & conformes aux Ordres.

Vitruve, le premier des Architectes qui nous ait transmis les découvertes des Anciens, nous annonce cinq especes d'entrecolonnements, Fig. 1, dont on faisoit usage de son tems; le premier A B, appellé Aréostyle, c'est-à-dire, à colonnes rares, avoit quatre diametres d'intervalle, & à cause de sa grande largeur, étoit réservé pour les Ordres solides; le deuxieme B C appellé Dyastyle, avoit trois diametres; le troisieme CD, appellé Eustyle, avoit deux diametres & un quart; le quatrieme D E, appellé Sistyle, avoit deux diametres; ces trois derniers étoient réservés pour les Ordres moyens; le cinquieme enfin, appellé Picnostyle, c'est-à-dire, à colonnes serrées, avoit un diametre & demi, & à cause de son peu de largeur, étoit réservé pour les Ordres délicats; les modernes n'ont pas toujours suivi exactement le systême des anciens dans la disposition des entrecolonnemens; sur-tout depuis que l'art du trait

---

(*a*) Une travée est l'espace déterminé entre deux colonnes, entre deux pilastres, entre deux piedestaux, &c.

(*b*) Un linteau est la traverse, qui, étant appuyée sur les deux jambages d'une porte ou croisée soutient le mur supérieur.

eſt venu à leur ſecours, ils ſe ſont permis alors de leur donner toutes ſortes de largeur, réſervant auſſi, comme les anciens, les plus larges pour les Ordres ruſtiques & ſolides, & les plus étroits pour les Ordres moyens & & délicats, ſe conformant néanmoins aux diſtributions des mutules de l'Ordre Dorique & des modillons des Ordres Corinthien & Compoſite qui exigent qu'ils ſe trouvent à plomb des colonnes; en conſéquence, les entrecolonnemens de l'Ordre Dorique, Fig. 2, pour que la friſe ſoit parfaitement réguliere, doivent différer de 30 minutes, intervalle des axes des trigliphes, ceux de l'Ordre Corinthien; Fig. 3, pour que la corniche ſoit auſſi réguliere, de 24 minutes $\frac{1}{2}$, intervalle des axes des modillons, & enfin ceux de l'Ordre compoſite, Fig. 3, de 21 minutes, intervalle des modillons.

Nos modernes ont reconnu que la ſolidité ne pouvoit permettre plus de quatorze pieds d'intervalle aux entrecolonnemens à colonnes iſolées, environ dix-huit aux entrecolonnements à colonnes adoſſées, & environ vingt-un aux entrecolonnements à colonnes engagées; l'expérience nous a appris qu'au-delà de ces dimenſions les architraves & plate-bandes n'ont pas aſſez de force pour ſe ſoutenir en l'air, & font voir des ouvertures aſſez larges dans les joints des claveaux: on en voit des exemples au veſtibule de la Chapelle de Verſailles, au Portail de Saint-Gervais à Paris & ailleurs. Dans les grands édifices où l'on emploie des pierres d'un gros volume, & où les longs claveaux ont plus de force & de ſoutien, la longueur des plates-bandes & la largeur des entrecolonnements peuvent excéder tant ſoit peu les bornes que je preſcris, mais auſſi exigent-elles plus de maſſe & de réſiſtance dans les points d'appui pour en ſoutenir la pouſſée.

Des Accouplements.

On appelle accouplement des colonnes grouppées deux à deux, dont les baſes ſe touchent ſans ſe pénétrer. Aucune difficulté ne ſe rencontre dans l'accouplement des Ordres qui n'ont point de triglyphe dans leur friſe & de mutules ou modillons dans leur corniche, ornements obligés qui forcent à des eſpaces déterminés, lorſqu'on eſt aſtreint à une exacte régularité.

Accouple. ·nt de l'Ordre Dorique.

Les anciens ont toujours tranché ſur la difficulté des accouplements en les proſcrivant entierement de leurs décorations; nos modernes plus ambitieux de gloire, ayant reconnu certaine beauté dans ce genre de décoration, ont fait divers efforts. Avant que d'entrer en matiere sur les différents systêmes qu'ils ont adopté, il faut nous rappeller les dimensions de l'Ordre.

On sait que l'intervalle d'un axe de triglyphe à l'autre, Fig. 4, suivant des proportions que Vignole a établi, doit avoir 30 minutes, l'axe d'une colonne à l'autre vers sa base ayant le même intervalle de 30 minutes, les deux bases A doivent incontestablement se pénétrer l'une l'autre, premier défaut; la plupart pour l'éviter, Fig. 5, ont fait les métopes plus larges que haut de 4 minutes, ce qui les a rendus rectangulaires de quarrés qu'ils devoient être pour être parfaitement réguliers, l'une des principales beautés de cet Ordre, deuxieme défaut; d'autres Fig. 6, pour conserver la régularité des métopes A, & éviter la pénétration des bases B, ont altéré le diametre inférieur de leurs colonnes en les faisant diminuer d'un sixieme, ce qui en a fait des colonnes renflées, troisieme défaut contraire à la régularité & à la solidité de l'Ordre; d'autres encore, Fig. 7, évitant la pénétration des bases & l'irrégularité des métopes, ont augmenté d'un module la hauteur de la colonne, & conséquemment celle de l'entablement & de la frise au point de pouvoir rendre le métope quarré, méthode qui altere le rapport du triglyphe & celui de l'Ordre, quatrieme défaut.

PLANCHE VII.

Enfin feu M. Blondel, Professeur Royal nous a donné un moyen, Fig. 1, different des précédents en exhaussant la frise de trois minutes, donnant vingt minutes à la largeur du métope & quatorze à celle du triglyphe, en sorte que le triglyphe conserve toujours son même rapport de deux à trois, & le métope paroît quarré, ayant de hauteur une minute de plus que de largeur, minute cachée par le rayon visuel que nul Architecte jusqu'alors n'avoit prévu; j'ai cru cependant qu'on pouvoit s'éloigner un peu moins des proportions qu'exigent les membres de cet Ordre & conserver la régularité des métopes, en donnant vingt minutes & demie à la hauteur de la frise, treize deux tiers à la largeur du triglyphe, & vingt & un tiers à celle du métope; le triglyphe conserve, par ce moyen, son même rapport de deux à trois, & le métope est plus haut que large d'un sixieme de minute suffisant pour contenter le rayon visuel qu'il est nécessaire d'admettre pour faire paroître le métope exactement quarré; l'entablement a, à la vérité, deux minutes & demie de plus que sa proportion; mais cette irrégularité légere procure le moyen de conserver à l'Ordre toute la beauté dont il est susceptible.

Accouplement de l'Ordre Corinthien.

Les accouplements dans l'Ordre Corinthien, Fig. 3 & 4, ſont moins difficultueux : on ſe permet d'éloigner ou de rapprocher les modillons les uns des autres pour les placer à-plomb de chaque colonne, ce qui eſt une des premieres loix qu'exige cet Ordre : mais ſi l'on n'y fait attention les caſſettes placées ſous le ſophite entre chaque modillon, deviennent barlongues ou oblongues, défaut qu'il faut éviter autant qu'il eſt poſſible.

Chaque modillon a huit minutes de largeur, & pour la régularité de la corniche, il doit toujours s'en trouver un à plomb de chaque colonne, & un à l'extrémité angulaire du larmier modillonaire; la ſaillie de ce larmier, ſuivant Vignole, eſt de treize minutes & demie; quinze pour la moitié du diametre ſupérieur de la colonne, & neuf & demie juſqu'à l'axe du modillon font vingt-quatre minutes & demie entre les axes de deux modillons; cet eſpace de vingt-quatre minutes & demie ne permet pas aux caſſettes placées ſous le ſophite d'être quarrées, la raiſon eſt que leur largeur entre deux talons étant de douze minutes & leur profondeur de ſeize, forme un eſpace rectangulaire pour placer la caſſette; il faudroit pour corriger ce défaut altérer la ſaillie du larmier modillonaire, en lui donnant quatre minutes de plus, les rejettant ſur les membres inférieurs, ce qui donneroit vingt-huit minutes & demie entre les axes des modillons qui rendroient pour lors le ſophite du larmier parfaitement quarré, & conſéquemment régulier.

Pour former l'accouplement, les axes des modillons éloignés l'un de l'autre de vingt-quatre minutes & demie ſont quarante-neuf pour deux eſpaces, les baſes de deux colonnes accouplées le touchant, laiſſent entre leurs axes un intervalle de cinquante minutes; & pour les empêcher de ſe pénétrer, une demi minute de plus entre les axes des modillons ſuffit, ce qui éloigne d'autant le modillon d'angle rejettant encore cette légere irrégularité ſur la ſaillie des membres inférieurs, augmentation qui tend à rapprocher les caſſettes de la forme quarrée; par ces nouvelles dimenſions, les baſes ſe touchent ſans ſe pénétrer; mais cela ne ſuffit pas, les angles des chapitaux ſe pénétrent; pour l'éviter, il faudroit en altérer la ſaillie, ce qui ſeroit un vice plus déſagréable encore que tous les autres, ou éloigner davantage les axes des colonnes, & conſéquemment les axes des modillons.

Deux eſpaces de modillons ayant quarante-neuf minutes entre leurs axes, & les colonnes ayant cinquante-quatre minutes entre leurs axes, les angles de deux chapiteaux accouplés doivent néceſſairement ſe pénétrer de cinq minutes;

minutes ; on ne peut éviter ce défaut qu'en donnant aux modillons, Fig. 4, un intervalle de vingt-ſept minutes d'axe en axe, ce qui éloigne conſéquemment le modillon d'angle, & oblige de rejetter la différence ſur les membres inférieurs; cette nouvelle dimenſion rapproche les caſſettes de la forme quarrée qui devient plus agréable dans le développement de la corniche, & donne quatre minutes d'intervalle entre les baſes.

Accouplement de l'Ordre Compoſite.

Les accouplemens dans l'Ordre Compoſite ont auſſi leurs difficultés, il doit ſe trouver comme dans l'Ordre Corinthien un modillon à-plomb de chaque colonne, & un à l'extrémité angulaire du larmier modillonaire; la ſaillie de ce larmier eſt de huit minutes, quinze pour la moitié du diametre ſupérieur de la colonne & ſix juſqu'à l'axe du modillon d'angle, font vingt-une minutes entre les axes de deux modillons; cet eſpace de vingt-une minutes ne ſuffit pas pour empêcher, non ſeulement les baſes, mais même les chapiteaux des colonnes de ſe pénétrer: on ne peut éviter ces défauts qu'en admettant vingt-huit minutes entre les axes au lieu de vingt-un, alors il faut donner au larmier modillonaire ſept minutes de plus en ſaillie, ce qui exige une nouvelle compoſition de corniche, il ſeroit mieux de rapprocher les axes des modillons les uns des autres, juſqu'à environ dix-neuf minutes; autre nouvelle compoſition de corniche, & dans ce dernier cas, il ſe trouvera trois intervalles de modillons entre les axes des colonnes, & les caſſettes ſeront tant ſoit peu oblongues.

Des Grouppes.

Les colonnes grouppées n'enfantent pas moins de difficultés dans les entablements & corniches que les colonnes accouplées. 1°. Dans l'Ordre Dorique, lorſque l'accouplement n'a pas lieu, Fig. 5, les axes ayant trente minutes d'intervalle, le métope rentrant ne peut être quarré; ſix minutes pour le demi triglyphe & dix pour le demi-diametre ſupérieur de la colonne, laiſſent au métope quatorze minutes pour la largeur auxquelles il en faut ajouter quatre ſi l'on veut rendre les métopes ſupérieurs quarrés & empêcher que les talons des mutules ne puiſſent ſe pénétrer, ce qui eſt un grand défaut que beaucoup d'Architectes ont cru ne pouvoir éviter; en ce cas, les colonnes doivent être éloignées de leurs pilaſtres de dix minutes par le bas, ce qui fait que leur baſe ſe touchent, ſi l'architrave reſte à-plomb du fût ſupérieur du pilaſtre; mais comme nous l'avons vu précédemment, la colonne diminuant par le haut & le pilastre ne diminuant pas, il naissoit une difformité que l'on ne pouvoit corriger que par un milieu entre l'un & l'autre; ce milieu étant d'une minute en retraite sur le pilastre doit rendre nécessairement le métope plus large d'une minute, auquel cas on doit éloigner la colonne de son pilastre de onze minutes au lieu de dix, ce qui fait une minute d'intervalle entre les deux bases.

Lorsque l'accouplement a lieu, Fig. 6, c'est un autre calcul, les axes ayant trente-quatre parties d'intervalles le métope rentrant ne peut non plus être quarré; six minutes ⅔ pour le demi-triglyphe & dix minutes pour le demi-diametre supérieur de la colonne, laissent au métope angulaire dix-sept minutes & un sixieme, au lieu de vingt minutes & un tiers, si l'on veut rendre les métopes angulaires quarrés, & empêcher que les talons des mutules ne puissent se pénétrer; en ce cas les colonnes doivent être éloignées de leur pilastre de treize minutes & un sixieme par le bas, ce qui fait que leurs bases sont éloignées l'une de l'autre de trois minutes & un sixieme, si l'architrave reste à plomb du fût supérieur de la colonne; mais comme pour corriger la difformité, l'architrave doit être placée en porte-à-faux sur la colonne d'une minute, il faut ajouter cette minute au métope, ce qui éloigne la colonne de son pilastre de quatorze minutes & un sixieme par le bas au lieu de dix, & donne conséquemment quatre minutes & un sixieme à la distance des bases.

2°. Dans l'Ordre Corinthien, lorsque l'accouplement n'a pas lieu, Fig. 7, que les axes des modillons soient éloignés de treize minutes & demie, ou en rendant les cassettes quarrées de quinze minutes & demie; différence qui rejaillit sur la profondeur du modillon, la saillie toujours la même, il existe trente-une minutes entre le diametre supérieur de la colonne & l'extrémité supérieure du talon de face, & cinq minutes & demie pour moitié de la largeur du modillon, compris talon latéral, font trente-six minutes & demie; si pour corriger la difformité que cause le diametre supérieur de la colonne, & celui du pilastre on diminue une minute & demie qui en fait la moitié, il restera trente-cinq minutes de distance entre le nud de la frise & le milieu du premier modillon, distance suffisante pour empêcher les talons des modillons de se pénétrer de trente-cinq minutes; dix-huit pour le dernier diametre inférieur de la colonne laisseront dix-sept minutes entre la colonne & le pilastre, par le bas les deux bases ayant ensemble quatorze minutes seront éloignées l'une de l'autre de trois minutes. Voyons présentement ce que deviendront les chapiteaux.

Pour empêcher que les chapiteaux ne se pénetrent, Fig. 8, nous avons vu qu'il falloit éloigner les axes des colonnes l'un de l'autre de cinquante-trois minutes; les chapiteaux de pilastre ayant de saillie trois minutes de plus que ceux des colonnes, il faudra conséquemment cinquante-six minutes entre les deux axes, trente-six pour les deux demi-diametres inférieurs de la colonne & du pilastre laissent vingt minutes d'intervalle entre eux; les deux bases ayant quatorze minutes seront éloignées l'une de l'autre de six minutes, ce dont il falloit se convaincre.

3°. Dans l'Ordre Composite les modillons ont trop peu de saillie pour craindre qu'ils puissent se toucher; mais pour empêcher les chapiteaux de se pénétrer, il faut comme dans l'Ordre Corinthien éloigner les bases des colonnes, l'une de l'autre de six minutes.

Des Portiques des Anciens.

Vitruve nous a fait part de quelques modeles de portiques dont les anciens Palais & Théâtres de Rome étoient décorés, & dont Vignole nous a donné les dimensions: on les faisoit, dit ce dernier, de deux manieres, avec & sans piedestaux. Dans la premiere, aux deux premiers & aux deux derniers Ordres ils avoient de hauteur deux fois leur largeur, l'Ionique seul avoit un trente-sixieme de plus, ce qui est une faute dans toutes les éditions; il n'est pas vraisemblable que Vignole ait excepté l'Ordre moyen seul de préférence aux deux derniers qui sont plus délicats. Dans la deuxieme, à l'Ordre Toscan ils avoient dix modules $\frac{3}{4}$ sur dix-huit & demie les $\frac{43}{74}$. A l'Ordre Dorique treize modules sur douze & $\frac{1}{3}$ les $\frac{59}{44}$. A l'Ordre Ionique treize modules sur vingt quatre les $\frac{13}{24}$. Aux Ordres Corinthien & Composite quatorze modules sur vingt-six $\frac{2}{3}$ tous un peu moins que deux fois leur largeur. Les anciennes éditions de Vignole ne font aucune mention des portiques d'Ordre Composite; il y a lieu de croire que Vignole n'en ayant rien dit, ses Commentateurs ont cru lui devoir donner les mêmes dimensions qu'à ceux d'Ordre Corinthien, les proportions de ces deux Ordres étant les mêmes.

Palladio nous a donné quelques exemples de portiques qu'il a élevé sur des socles, & auxquels il a donné d'autres dimensions. On voit encore dans des restes de quelques édifices de Rome des portiques dont les colonnes n'ont ni piedestaux, ni bases, loin de croire qu'elles ont été construites ainsi, on doit au contraire présumer que le sol de ces édifices ayant été fort exhaussé les piedestaux & les bases se sont trouvés enterrés; des Artistes alors, par respect pour l'antiquité, & sans chercher plus loin ont imité ce qu'ils ont vû, de-là ces défauts perpétués jusqu'à nous & multipliés encore de nos jours par nos Architectes modernes amis de la singularité ; ne devons-nous pas craindre qu'il en soit de même un jour des piedestaux des ordres de l'intérieur du Louvre que nos successeurs imiteront servilement, parce qu'ils les verront sans bases, parce qu'ils sont pour la plupart enfoncés sous le sol de la cour.

Ces portiques sont fort peu en usage présentement, cependant je n'ai pas cru devoir me dispenser d'en donner un à la maniere moderne pour chaque espece d'ordre que comme Palladio j'ai élevé sur des socles de préférence aux piedestaux pour les raisons que nous avons vu.

Des Portiques Modernes.

Ces portiques sont ou à colonnes solitaires & adossées comme ceux-ci, ou à colones accouplées, isolées, engagées, mais toujours décorés d'une niche quarrée contenant l'imposte & l'archivolte, & quelquefois une clef ou une console, rien de plus défectueux que ceux de Vignole dont l'imposte vient heurter les faces latérales du pilastre qu'elles semblent vouloir traverser, rien de plus vicieux encore que ces piedroits qui, servant en même tems d'alettes, retrécissent le trumeau & le rendent non-seulement peu solide & incapable de porter le poids de l'entablement, mais même lui ôtent cet air de solidité qui satisfait l'œil.

PLANCHE VIII.

Portique Toscan.

Dans le Portique Toscan j'ai donné $\frac{11}{12}$ de module à la largeur du piedroit, & autant à l'alette, un module de hauteur à l'imposte, autant à l'archivolte & pour plus d'unité, autant à la largeur du champ sous l'entablement, par ce moyen le rapport du plein qui, en l'absence des ordres doit être égal au vuide, est ici les $\frac{4}{5}$.

PLANCHE IX.

Portique Dorique.

Dans le Portique Dorique j'ai donné $\frac{11}{12}$ de module à largeur du piedroit, & autant à l'alette, un module de hauteur à l'imposte, autant à l'archivolte, & pour conserver le niveau de l'astragale, autant à la largeur du champ sous l'entablement, par ce moyen le rapport du plein au vuide qui, en l'abſence des ordres doit être des $\frac{8}{9}$ eſt ici les $\frac{35}{47}$ environ les $\frac{3}{4}$.

Ces derniers ont leurs difficultés ; la régularité des métopes diſtribués dans la friſe de leur entablement ne permet pas toujours une liberté franche dans les entrecolonnements ; l'axe de chaque colonne doit porter un triglyphe, dont le rapport doit être de deux à trois; les métopes pour être réguliers doivent être quarrés, ainſi ſuivant la méthode des Anciens la friſe ayant un module & demi de hauteur, il ſe trouvera deux modules & demi d'intervalle d'axe en axe de triglyphe ; ce principe établi, admettons par exemple cinq métopes entre les axes des colonnes qui donnent douze modules $\frac{1}{2}$ de diſtance, de cette dimenſion, ôtons en cinq modules $\frac{3}{4}$ pour deux demi-diametres de colonnes, deux piedroits & deux alettes ; reſteront ſix modules $\frac{3}{4}$ pour la largeur du vuide, leſquels portés deux fois, & un ſixieme (proportion Dorique) ſur la hauteur feront quatorze modules environ $\frac{5}{6}$; ajoutons y deux modules pour la hauteur de l'archivolte & du champ ſous l'entablement feront ſeize modules $\frac{5}{6}$, & comme la colonne doit avoir ſeize modules de hauteur, il reſtera $\frac{5}{6}$ ou dix parties du module pour la hauteur du ſocle, ce qui n'eſt pas ſuffiſant.

Autre Exemple.

Admettons ſix métopes valant avec les triglyphes quinze modules d'axe en axe de colonne, ôtons-en cinq modules $\frac{2}{3}$ pour les demi-diametres de colonne piedroits & alettes, reſteront neuf modules $\frac{1}{3}$ leſquels portés deux fois $\frac{1}{6}$ ſur la hauteur du vuide, feront vingt modules environs $\frac{1}{4}$, ajoutons y comme précédemment deux modules, feront vingt-deux modules $\frac{1}{4}$ pour la hauteur du ſocle qui eſt beaucoup trop.

Un moyen de remédier à ces deux inconvéniens feroit d'altérer la largeur des piedroits & alettes ou la hauteur de l'archivolte & du champ ſous l'entablement, moyen qui altéreroit en même-tems les proportions des trumeaux avec les bayes, & feroit naître des difformités impardonnables qui enleveroient ces rapports ſi précieux dans l'Ordonnance.

Une méthode ſans contredit préférable eſt celle qui ſans altérer le rapport du triglyphe & la régularité du métope, donneroit treize modules $\frac{1}{4}$ pour l'intervalle des axes des colonnes aulieu de douze modules $\frac{1}{2}$ qui eſt trop peu, & de quinze modules qui eſt trop, alors les axes des triglyphes feroient éloignés l'un de l'autre de deux modules $\frac{1}{4}$ aulieu de deux modules & demie, & pour rendre aux triglyphes & aux métopes leur véritable proportion, il faudroit exhausser la frise d'un sixieme de module, ce qui lui donneroit vingt minutes aulieu de dix-huit, donner à la largeur du triglyphe treize minutes & un quart & à celle du métope dix-neuf minutes $\frac{3}{4}$, le triglyphe aura alors $\frac{1}{8}$ de minute plus haut que son rapport de deux à trois, & le métope $_4$ plus haut que sa proportion quarrée; altérations bien légeres qui, en corrigeant le défaut causé par le rayon visuel, conservent à l'Ordonnance toute la régularité qui fait son seul mérite; si l'on jugeoit à propos d'employer à ces portiques des accouplements, les intervalles des triglyphes ayant alors deux modules $\frac{1}{6}$ ce seroit cinq minutes de plus sur la largeur entiere & environ onze de plus sur la hauteur qui seroit à peu-près d'un second socle, unique moyen de se tirer d'affaire en pareille circonstance.

PLANCHE X.

Portique Ionique.

Dans le Portique Ionique j'ai donné $\frac{5}{6}$ de module à la largeur du piedroit & autant à l'alette, un module de hauteur à l'imposte autant à l'archivolte, & autant à la largeur du champ sous l'entablement; le rapport du plein au vuide qui, en l'absence des Ordres doit être des $\frac{7}{9}$ est ici environ les $\frac{2}{9}$, aucunes difficultés ne se rencontrent dans l'assemblage des proportions sur-tout lorsqu'on n'admet point de modillons dans la corniche.

PLANCHE XI.

Portique Corinthien.

Dans le Portique Corinthien j'ai donné $\frac{7}{9}$ de module à la largeur du piedroit & autant à l'alette, un module de hauteur à l'imposte autant à l'archivolte & autant à la largeur du champ, sous l'entablement le rapport du plein au vuide qui, en l'absence des Ordres doit être les $\frac{2}{9}$ est ici un peu plus que moitié.

Ces Portiques ne sont pas sans difficultés, les modillons distribués régulierement dans la corniche de leur entablement gênent dans l'union des proportions; l'axe de chaque colonne doit porter un modillon, & suivant Vignole, l'intervalle de l'un à l'autre doit avoir vingt-quatre minutes & demie, ce qui pour dix intervalles doit donner treize modules onze minutes, espace entre les axes des colonnes; ôtez de cette dimension cinq modules, deux minutes pour les demi-diametres des colonnes, les piedroits & les alettes, resteront huit modules & demi pour la largeur du vuide, laquelle portée deux fois & demie (proportion Corinthienne) sur sa hauteur y joignant deux modules pour la hauteur de l'archivolte & celle du champ sous l'entablement, donnera 23 modules $\frac{1}{4}$; sur quoi donnant vingt modules pour la hauteur de la colonne, il restera trois modules $\frac{1}{4}$ pour celle du socle.

Si l'on exigeoit une parfaite régularité dans les cassettes sous le sophite du larmier, il faudroit admettre vingt-huit minutes & demie entre les axes des modillons, il en faudroit conséquemment moins. Neuf intervalles donnent quatorze modules $\frac{1}{4}$, ce qui est trop, huit intervalles donnent douze modules $\frac{3}{4}$, ce qui est trop peu, puisqu'il faut environ treize modules & demie; on ne peut donc remédier à ce défaut qu'en admettant vingt-sept minutes aulieu de vingt-huit & demie, ce qui donne les treize modules & demie nécessaires, moyen qui altere bien peu la régularité des cassettes; il en seroit de même pour les accouplements; car vingt-sept minutes est l'intervalle que doivent avoir les axes des modillons pour éviter que les bases & chapiteaux ne se pénétrent.

PLANCHE XII.

Portique Composite.

Dans ce Portique j'ai donné comme au précédent quatorze minutes & demie à la largeur du piedroit & autant à l'alette; un module de hauteur à l'imposte, autant à l'archivolte & à la largeur du champ sous l'entablement; le rapport du plein au vuide qui, en l'absence des Ordres doit être moyen entre les $\frac{3}{8}$ & les $\frac{2}{5}$; dimensions qui conviennent aux deux ordres précédents, est ici un peu plus que l'un & un peu moins que l'autre.

La distribution des modillons dans la corniche n'exige pas moins d'attention que celle de ceux de l'Ordre précédent; l'axe de chaque colonne doit porter un modillon, & suivant les principes établis il doit se trouver vingt-une minutes d'intervalle entre leurs axes; admettons douze espaces qui donneront quatorze modules. De cette dimension, ôtons-en cinq modules quatre minutes pour les demi-diametres de colonnes, piedroits & alettes, resteront huit modules quatorze minutes pour la largeur du vuide, lesquels portés deux fois & $\frac{3}{8}$ (proportion Composite) sur la hauteur feront vingt modules quinze minutes $\frac{1}{4}$; ajoutons y deux modules pour la hauteur de l'archivolte, & celle du champ sous l'entablement, feront vingt-deux modules quinze minutes $\frac{1}{4}$; la hauteur de la colonne étant de vingt modules, il restera deux modules quinze minutes, à peu-près un diametre ½ pour la hauteur du focle qui est celle qui lui convient.

Si l'on jugeoit à propos d'employer à ce Portique des accouplements, il faudroit donner treize intervalles de modillons à chacun dix-neuf minutes & demie, aulieu de dix-neuf, comme nous l'avons vu précédemment aux accouplements d'Ordre Dorique, ce qui éloignant les colonnes accouplées d'une minute & demie de plus donneroit quatorze modules une minute & demie pour les treize intervalles qui est la dimension convenable.

CHAPITRE V.

DES ORDRES SURMONTÉS.

LA perfection que les Grecs & les Romains ont su donner aux Ordres que nous tenons d'eux, nous fait présumer qu'ils n'avoient entendu les employer que seuls à seuls; en effet, tous les anciens Auteurs, Vitruve même qui nous a donné la description de plusieurs anciens édifices, nous assure qu'à l'exception des Théâtres & des Salles à l'égyptienne, presque tous les bâtiments n'avoient qu'un seul Ordre; l'ambition de multiplier ces chef-d'œuvres sans aucun égard à l'esprit de convenance & sans autre but que de désigner la hauteur des étages intérieurs, ont sans doute déterminé nos modernes à les employer les uns au-dessus des autres, & plus inconsidérément encore ont fait porter le Composite par le Corinthien, & quelquefois l'un ou l'autre par le Dorique; l'union de plusieurs Ordres, quoiqu'en rapport entre eux, présente toujours une disparité sensible; les trois Ordres réunis au Palais du Luxembourg, sont, à la vérité, moins tolérables que les trois Ordres de l'intérieur du Louvre, mais ces derniers, quoique de même expression produisent une monotonie désagréable.

Un seul Ordre remplit donc mieux l'idée qu'on doit concevoir de l'Ordonnance d'un édifice considéré comme appartenant à un seul propriétaire forcé d'admettre plusieurs étages, on ne doit pas pour cela répéter les Ordres, mais convertir le rez-de-chaussé en soubassement, placer l'Ordre au premier étage & le couronner d'un attique par un seul Ordre, combien de porte-à-faux & de contradictions évitées dans l'ensemble & les parties; quelle

quelle prééminence d'ailleurs, n'acquiert pas le bel étage sur les autres qui lui servent de soutien & de couronnement; c'est ainsi qu'il annoncera dès les dehors la demeure du Maître & la distinguera de celles des personnes qui lui sont subordonnées. La façade du Château de Versailles, du côté des Jardins peut servir de modele pour déterminer le caractere convenable.

Quoique les Ordres élevés les uns sur les autres soient contraires à la convenance; cependant la nécessité de bâtir au milieu d'une Capitale sur des emplacements souvent peu spacieux peut forcer à réitérer les étages, alors l'Artiste doit étudier le caractere de l'Ordre qui convient à l'édifice, régler ses proportions & ses formes, établir le rapport des pleins & des vuides; fixer le genre & l'expression des profils & des membres répandus dans sa décoration, & suppléer par ce moyen à la présence d'un Ordre qui quoique beau en lui-même produit plutôt une Ordonnance petite & mesquine, qu'une simple, agréable & satisfaisante, caractere propre de la belle Architecture.

PLANCHE XIII.

Pour établir les proportions des trois Ordres Grecs élevés les uns sur les autres, plaçons au rez-de-chaussé l'Ordre Dorique dont le diametre inférieur aura deux pieds & demi, & le diametre supérieur un sixieme de moins, c'est-à-dire, deux pieds un pouce; la hauteur de l'Ordonnance sera de vingt-trois modules & demi, ou vingt-neuf pieds quatre pouces & demie, compris un diametre trois quarts pour la hauteur du socle. (A B C sont les échelles de modules; la premiere, celle du premier Ordre, la deuxieme, celle du second Ordre; & la troisieme, celle du troisieme Ordre: D est l'échelle de toise) celle de l'entrecolonnement sera de dix-neuf modules & demi ou vingt-quatre pieds quatre pouces & demi sur dix modules & demie, ou treize pieds un pouce & demie de largeur, celle du vuide de dix-huit modules & demi ou vingt-trois pieds un pouce & demi sur huit modules & demi, ou dix pieds huit pouces & demi de largeur; le rapport du plein au vuide, comme huit à dix-sept au premier étage; l'Ordre Ionique dont le diametre inférieur aura la même dimension que le diametre supérieur de l'Ordre Dorique, c'est-à-dire, deux pieds un pouce, afin qu'il ne puisse y avoir de porte-à-faux, & le diametre supérieur un sixieme de moins, c'est-à-dire, vingt pouces dix lignes; la hauteur de l'Ordonnance sera de vingt-six modules neuf minutes ou vingt huit pieds sept pouces & demi, compris deux diametres pour la hauteur du socle; celle de l'entrecolonnement ſera de vingt-deux modules ou vingt-trois pieds dix pouces ſur treize modules, ou treize pieds ſix pouces ſix lignes de largeur; celle du vuide de vingt-un modules ou vingt-deux pieds neuf pouces ſur dix modules, cinq minutes ou dix pieds huit pouces & demie de largeur; le rapport du plein au vuide, le même que celui inférieur.

Au deuxieme étages l'Ordre Corinthien dont le diametre inférieur aura la même dimenſion que le diametre ſupérieur de l'Ordre Ionique, c'eſt-à-dire, vingt pouces dix lignes, & le diamettre ſupérieur un ſixieme de moins, c'eſt-à-dire, dix-ſept pouces quatre lignes ⅓; la hauteur de l'Ordonnance ſera de vingt-neuf modules ou vingt-cinq pieds une pouce huit lignes, compris deux diametres pour la hauteur du ſocle; celle de l'entrecolonnement ſera de vingt-quatre modules ou vingt pieds dix pouces ſur ſeize modules ou treize pieds dix pouces huit lignes de largeur; celle du vuide de vingt-trois modules ou dix-neuf pieds onze pouces ſept lignes ſur douze modules ſept minutes, ou dix pieds huit pouces & demie; le rapport du plein au vuide le même que celui inférieur.

Pour plus d'éclairciſſement j'ai dreſſé le Tableau ſuivant qui préſente ſous le même coup-dœil les rapports que les trois Ordres Grecs élevés les uns ſur les autres peuvent avoir entre eux.

Tableau des proportions des trois Ordres Grecs élevés les uns ſur les autres.

	DORIQUE.						IONIQUE.						CORINTHIEN.						
	modules.			pieds.			modules.			pieds.			modules.			pieds.			
	m.	′		p.	o.	l.	m.	′		p.	o.	l.	m.	′		p.	o.	l.	
Diametre inférieur.	2	0	0	2	6	0	2	0	0	2	1	0	2	0	0	1	8	10	0
Diametre ſupérieur.	1	8	0	2	1	0	1	12	0	1	8	10	1	12	0	1	5	4	⅓
Hauteur de l'ordonnance.	23	6	0	29	4	6	26	9	0	28	7	6	29	0	0	25	1	8	0
Entrecolonnement, hauteur.	19	6	0	24	4	6	22	0	0	23	10	0	24	0	0	20	10	0	0
Entrecolonnement, largeur.	10	6	0	13	1	6	13	0	0	13	6	6	16	0	0	13	10	8	0
Vuides, hauteur.	18	6	0	23	1	6	21	0	0	22	9	0	23	0	7	19	11	7	0
Vuides, largeur.	8	6	0	10	8	6	10	5	0	10	8	6	12	7	0	10	8	6	0

D'après ce Tableau on peut juger que la proportion des entrecolonnements & des vuides ſupérieurs appartenants à des Ordres délicats, n'ont aucune relation avec celle de ceux qui leur ſont inférieurs; la proportion de l'entrecolonnement Dorique est à peu-près de dix à dix-neuf, ce qui est moins que deux fois sa largeur; celle de l'entrecolonnement Ionique de treize à vingt-deux, un peu moins que le précédent; celle de l'entrecolonnement Corinthien, comme deux à trois, encore moins que les deux premiers; la hauteur du vuide Dorique a deux fois un sixieme sa largeur; celle du vuide Ionique qui doit avoir deux fois & un quart, a un peu moins que deux fois, & enfin celle du vuide Corinthien qui doit avoir deux fois & demie, a encore moins que le précédent, ce qui est opposé aux loix des proportions solides, moyennes & délicates, sur-tout si à ces derniers on ajoute des balustrades qui les cachent en partie.

Pour remédier à ces inconvenients, il faudroit ou augmenter les diametres des Ordres supérieurs, ce qui produiroit des porte-à-faux contraires à la solidité, ou élargir les trumeaux, ce qui sans remédier à la proportion des entrecolonnements corrigeroit celle des vuides, mais altéreroit en même-tems leur rapport avec les trumeaux & donneroit de plus grands porte-à-faux encore.

PLANCHE XIV.

Le moyen le plus toleré & le plus tolérable seroit non de supprimer entierement ces défauts, mais de les pallier en admettant des niches quarrées, des corps avancés ou reculés qui, sans ôter les porte-à-faux, les font paroître au moins supportables.

PLANCHE XV.

Pour remplir l'idée d'un caractere d'unité, en élevant plusieurs étages, j'ai présenté un édifice dont l'Ordre prééminent est appuyé sur un soubassement & couronné d'un attique; Ordres subalternes qui donnent plus de grandeur & de majesté à l'Ordonnance (A représente l'échelle de modules & B celle de de toises).

CHAPITRE VI.

DES ORDRES COMPOSÉS ET DÉCOMPOSÉS.

Nous avons vu les cinq Ordres, comme Vignole nous les a donnés; je les ai mis sous les yeux avec les dimensions qu'il y a assigné, sans oser me permettre d'en altérer les proportions acceptées par tous les Architectes de nos jours; cependant j'ai cru devoir enrichir l'Art, en augmentant & diminuant la richesse de ces Ordres, relativement aux circonstances; en effet, s'assujettir à n'oser s'écarter tant soit peu des regles prescrites par nos peres, c'est s'enfoncer dans une stérilitéde composition & montrer une foiblesse de génie nullement faite pour des Artistes éclairés. Un homme de goût ne peut-il, sans s'éloigner des loix de la bienséance, se manifester dans ses compositions, donner essor à son imagination, & souvent produire des chef-d'œuvres jusqu'alors inconnus; j'ai donc osé représenter les cinq Ordres de Vignole composés & décomposés, c'est-à-dire, enrichis & appauvris suivant les besoins, conformement aux situations, aux lieux & à la convenance; je leur en ai joint un sixieme que j'ai appellé rustique, & j'ajoute qu'entre les deux modeles que j'ai donné pour chaque Ordre, on peut en concevoir d'une infinité d'especes diversement nuancés, mais dont les masses doivent constamment rester dans les mêmes proportions.

PLANCHE XVI.

Entablements Rustiques.

Ces entablements sont destinés à décorer des édifices pesants & massifs, tels que des arcenaux, forts, prisons, &c.

Le décomposé a son chapiteau A orné d'une plate-bande & d'un tailloir quarré; son architrave B d'une seule plate-bande, mais saillante pour la distinguer de la frise C qui est lisse, & sa corniche D d'une cimaise & un larmier.

Le composé a son chapiteau A orné d'astragale, gorgerin, filet & quarderond; son architrave B d'une plate-bande avec table saillante, sa frise C lisse & sa corniche D deux cimaises & un larmier. La cimaise inférieure ayant deux plate-bandes portant consoles & la cimaise supérieure un seul filet.

Au bas est l'échelle de modules.

PLANCHE XVII.

Entablements Toscans.

Ces entablements sont destinés à décorer des édifices grossiers, tels que des portes de ville de guerre, des orangeries, &c.

Le décomposé a son chapiteau A orné d'astragale, gorgerin, filet, quarderon & tailloir simple ; son architrave B de plate-bande & filet, sa frise C lisse & sa corniche D de deux cimaises & un larmier ; la cimaise inférieure ayant plate-bande, filet & sophite & la cimaise superieure un seul filet.

Le composé a son chapiteau A orné d'astragale, gorgerin, talon & tailloir ayant plate-bande & filet ; son architrave B de plate-bande, talon dégagé & filet, sa frise C lisse & la corniche D de deux cimaises & un larmier ; la cimaise inférieure ayant filet, boudin & bec de corbin renversé, filet & gorge, & la cimaise supérieure, filet, quarderond & filet.

Au bas est l'échelle de modules.

PLANCHE XVIII.

Entablements Doriques.

Ces entablements sont destinés à décorer des édifices solides & graves, tels que des fontaines & des grottes.

Le décomposé a son chapiteau A orné d'astragale, gorgerin, cavet, filet & tailloir, ayant larmier, filet & quarderond ; son architrave B de filet & plate-bandes sans goutes, sa frise C de triglyphes en consoles avec ses canaux profilant au filet de l'architrave & à la cimaise inférieure de la corniche, & sa corniche D de deux cimaises & un larmier ; la cimaise inférieure ayant une plate-bande & un filet ; le larmier supérieur lisse & la cimaise supérieure un filet, une doussine & un filet.

Le composé a son chapiteau A orné d'astragale, gorgerin, filet & baguette à chapelet, doussine creuse feuillée & talloir, ayant plate-bande, talon feuillé & filet ; son architrave B de deux plate-bandes, goutes, platte-bandes de goute, filet, boudin à talon feuillé & filet ; sa frise C de consoles à volutes feuillées profilant à la moulure de l'architrave, & sa corniche D de deux cimaises & deux larmiers; la cimaise inférieure ayant plate-bande & talon; le larmier inférieur couronné de cavet feuillé & filet; le larmier supérieur lisse & la cimaise supérieure ayant filet, baguette godronnée doussine & filet.

Au bas est l'échelle de modules.

PLANCHE XIX.

Entablements Ioniques.

Ces entablements sont destinés à décorer des belvederes, pavillons, petits salons, retours de chasse & autres édifices d'agrément à la campagne & à l'extrémité des jardins & parcs.

Le décomposé a son chapiteau A orné d'astragale, gorgerin, filet quarderond, plate-bande portant volutes lisses & tailloir ayant cavet & filet; son architrave B de deux plate-bandes ornées de baguettes à chapelet & couronnés de filet, bec de corbin feuillé & filet; sa frise C lisse avec congé au bas, & sa corniche D de trois cimaises & deux larmiers; la cimaise inférieure ayant talon feuillé; le larmier inférieur des denticules; la cimaise intermédiaire, un filet & doussine à gorge feuillée; le larmier supérieur lisse & la cimaise supérieure, filet, baguette à chapelet, cavet & filet.

Le composé a son chapiteau A orné de filet, baguette godronnée, quarderond ové, plate-bande portant volutes avec ornements & guirlandes & tailloir, ayant larmier, filet & quarderond; son architrave B de trois plate-bandes, ayant baguette à chapelet & talon feuillé couronnés de filet, baguette à chapelet, gorgerin godronné, filet & cavet renversé; sa frise C bombée & sa corniche D de trois cimaises & deux larmiers; la cimaise inférieure ayant gorge saillante feuillée; le larmier inférieur des denticules en balons rompus continus; la cimaise intermédiaire, un filet, baguette à chapelet, quarderond ové & gorge feuillée; le larmier supérieur, lisse & la cimaise supérieure un petit talon feuillé, filet, doussine feuillée & filet.

Au bas est l'échelle des modules.

PLANCHE XX.

Entablements Corinthiens.

Ces entablements sont destinés à décorer des Palais & des Temples plus ou moins riches, plus ou moins graves.

Le décomposé a son chapiteau A orné d'astragale de trois rangs de feuilles peu découpées, colicoles, volutes & ornements simples avec tailloir, ayant talon & filet; son architrave B de trois plate-bandes, ayant baguettes à chapelet couronnées de filet, boudin godronné & filet; sa frise C lisse avec congé au bas, & sa corniche D de trois cimaises & trois larmiers; la cimaise inférieure ayant talon feuillé; le larmier inférieur des denticules; la cimaise intermédiaire, filet & quarderond ové; le larmier intermédiaire des modillons à consoles feuillées avec baguette à chapelet; le larmier supérieur, un filet, baguette à chapelet, doussine feuillée & filet.

Le composé a son chapiteau A orné d'astragale de deux rangs de feuilles & ornements découpés, guirlandes de fleurs, volutes à filet & tailloir, ayant larmier, filet & quarderond ové; son architrave B de trois plate-bandes ayant baguette à chapelet & talon feuillé ornées de guirlandes de fleurs courantes couronnées de cavet feuillé, baguette, gorgerin godronné, filet & cavet renversé; la frise C bombée, décorée de rinceaux ornements courants, & sa corniche de trois cimaises & trois larmiers; la cimaise inférieure ayant filet, baguette à chapelet, & filet dégagé; le larmier inférieur portant denticules à bâtons rompus interrompus; la cimaise intermédiaire, un filet, baguette à chapelet, & quarderond ové; le larmier intermédiaire des modillons à consoles renversées & feuillées; cassettes rentrantes, filet & baguette à chapelet; le larmier supérieur des canaux & la cimaise supérieure, gorge feuillée, doussine feuillée & filet.

Au bas est l'échelle de modules.

PLANCHE XXI.

Entablements Composites.

Ces entablements sont destinés à décorer des Salles de Spectacles, Théâtres, Arcs de Triomphe & autres édifices à l'occasion des Fêtes publiques.

Le décomposé a son chapiteau A orné d'astragale de deux rangs de feuilles, queues de cochon & ornements simples, volutes lisses & tailloir ayant filet & quarderond; son architrave B de trois plate-bandes, baguette à chapelet

& talon feuillé couronné de gorgerin feuillé & filet; sa frise C lisse à congé par le bas, & sa corniche D de trois cimaises & trois larmiers; la cimaise inférieure ayant filet & quarderond ové; le larmier inférieur des denticules à bâtons rompus interrompus; la cimaise intermédiaire, gorge feuillée; le larmier intermédiaire des consoles simples & filet; le larmier supérieur lisse, & la cimaise supérieure filet baguette à chapelet, doussine feuillée & filet.

Le composé a son chapiteau A orné d'un rang de grandes feuilles, agrafes, culots, guirlandes de fleurs, volutes à filet & tailloir, ayant larmier, filet & quarderond; son architrave B de trois plate-bandes avec baguettes à chapelet & talon feuillé couronnées de petit talon feuillé, filet dégagé, talon en bec de corbin godronné, filet & cavet; la frise C bombée en console, ornements dans les angles & guirlandes courantes, & la corniche D de trois cimaises & trois larmiers; la cimaise inférieure ayant filet, baguette à chapelet & quarderond ové; le larmier inférieur des denticules en bâtons rompus continus; la cimaise intermédaire, gorge feuillée & baguette à chapelet; le larmier intermédiaire des consoles quarrées, cassettes rentrantes & baguette feuillée; le larmier supérieur des canaux, & la cimaise supérieure, baguette à chapelet, talon feuillé, filet dégagé, cavet feuillé & filet.

Au bas est l'échelle de modules.

De l'application des Ordres & de leur expression.

Après avoir parlé des Ordres & de leurs accessoires, des différents systêmes sur les entrecolonnements, les accouplements, les grouppes & les portiques. Il reste à traiter des édifices auxquels il convient de les appliquer, de leur caractere, de leur expression & des diverses manieres d'en user convenablement; ces principes sont précédés d'observations intéressantes, de remarques utiles & indispensables pour parvenir à reconnoître les vrais beautés de l'Art & ses nuances que le vulgaire échappe, mais que l'Artiste éclairé saisit; nuances qui conduisent à distinguer deux édifices de même genre dont l'un porte une expression noble & sublime & l'autre une expression simple & naïve; expression que, loin de confondre, on doit sentir avec netteté, ce qui contribue plus qu'on ne peut le croire à assigner à chaque bâtiment le caractere qui lui convient.

En considérant l'Architecture du côté de la convenance, nous devons découvrir dans les Ordres même différentes expressions & différents caracteres, & c'est sur le plus ou le moins que s'est établi la réputation des Ouvrages antiques qui nous servent aujourd'hui de modeles dans la décoration de nos édifices; l'esprit l'eſprit de convenance étayé du bon goût, apprend à faire choix du caractere de l'un des Ordres pour déſigner l'importance, l'eſpece & l'uſage de l'édifice; ce raiſonnement m'a déterminé à conſacrer les Ordres Grecs aux Temples, aux Palais & aux demeures des Grands, les Ordres Romains, le délicat aux Théâtres, aux Arcs de triomphe & aux pompes funèbres, & le ruſtique aux édifices deſtinés à la sûreté, tels que les arcenaux, les portes de Ville & les dépendances de nos maiſons de plaiſance. Pour nous convaincre de la juſteſſe de ces convenances & nous rendre compte de la nature des membres dont ils ſont compoſés, repréſentons-nous la délicateſſe & les graces du Corinthien, appliquées à la décoration d'une porte de Ville de guerre; la force & la ruſticité du Toſcan appliquées à la décoration d'un Temple ou d'un Palais, ainſi des autres. Pour diſtinguer le genre convenable à l'édifice, & réuſſir à une application parfaite de l'Ordre, rappellons-nous ſa véritable origine; & par une comparaiſon juſte, déterminons comment on doit l'employer, & préférons un caractere réel à un autre plus ſimple ou plus compoſé, plus pauvre ou plus riche; par la connoiſſance exacte des Ordres nous ſommes à portée de faire un choix judicieux de celui qui peut le mieux caractériſer un monument, comme auſſi de nous en interdire l'application, ſi l'édifice eſt peu important, ſi ſa ſituation eſt peu avantageuſe; ſi, enfin, la condition ou la fortune du propriétaire ne peut le permettre.

Dans l'origine primitive les Ordres furent conſacrés à la décoration des Temples pour diſtinguer ces monuments de la demeure des hommes; dans la ſuite, ils furent employés à la magnificence des Villes, & à manifeſter la grandeur des Princes; aujourd'hui nous en abuſons en les appliquant même à nos maiſons particulieres; par-tout nous voyons ſans diſtinction des colonnes & des pilaſtres, ce qui eût paſſé chez les Grecs & les Romains pour un déreglement d'imagination, eſt devenu de nos jours un objet démulation entre les Artiſtes, & un moyen pour eux de trouver la récompenſe de leurs travaux; une telle ſpéculation eſt, à la vérité, ſéduiſante, mais l'Artiſte ne doit point s'aveugler en ſe prêtant aux volontés du propriétaire, ne doit-il pas craindre d'aſſervir ſon Art & s'écarter de la route, en s'éloignant de l'eſprit de convenance qui fait ſeul la véritable Architecture; en effet, ſi pour décorer un bâtiment ſimple nous admettons les Ordres, que reſtera-t-il pour décorer les Temples, & les édifices de premiere importance? Epuiſerons-nous les ſculptures & la richeſſe des matieres? Foibles reſſources regardées comme acceſſoires! rien ne peut ajouter à cette beauté diſtincte que présentent les Ordres; nous les employons quelquefois inconsidérément dans nos bâtiments privés, lorsque par un esprit de simplicité mal entendu nous les retranchons dans nos édifices d'éclat; il est vrai cependant que si la grandeur de l'édifice ne pouvoit permettre de placer les Ordres avec tout leur appareil, un petit diametre n'étant point admissible, il faudroit avoir recours à des compositions émanées de ces mêmes Ordres, de même aussi par une raison contraire devons-nous éviter les Ordres colossaux, lorsque l'œil ne peut en jouir dans toute leur étendue.

Les Ordres d'Architecture ont donc chacun un genre & une expression particulieres; ce genre déterminé doit décider de l'Ordonnance entiere, conséquemment il faut examiner si l'édifice doit être peu ou fort élevé, s'il doit avoir un seul ou plusieurs étages, si pour faire prééminer l'un deux, on veut faire usage d'Ordres subalternes, ou enfin si rejettant les uns ou les autres, on peut donner la préférence à un seul & bel Ordre, le tout suivant que l'application conviendra ou nuira au caractere propre de l'édifice.

Si les circonstances exigent plusieurs étages, il est mieux d'annoncer avec distinction la résidence du propriétaire par un seul & grand Ordre élevé sur un soubassement, & couronné d'un attique; Ordres subalternes dont l'un a pour objet de garantir des humidités du sol, & l'autre de le terminer avec avantage; si par d'autres raisons on se trouve forcé d'employer plusieurs Ordres, il faut placer au rez-de-chaussée le plus solide de ceux dont on veut faire usage, & terminer par le plus délicat, & cela pour conserver à chaque étage une progression analogue entre les parties inférieures & les supérieures, entre ce qui porte & ce qui est porté; si l'Ordonnance est légere on donnera plus de mouvements aux plans, faisant valoir le jeu des avants & arrieres-corps, on employera les formes piramidales, les pans coupés, les tours rondes, creuses ou autres sinuosités qui produisent un bon effet; autant de parties qu'il faut absolument bannir des Ordonnances rustiques & solides qui doivent être exprimées par des masses fortes, & se ressentir de la solidité & de la simplicité qui leur sont propres; en un mot, la disposition doit présenter au juste des objets distincts plus ou moins ressentis, plus ou moins riches, conformément au caractere de l'Ordonnance; on se rappellera la nécessité de procéder à une distribution extérieure, de consulter, à cet effet, les dimensions d'un chapiteau, d'une base, d'un métope, d'un mutule, d'un modillon ou autre objet qui fait loi, pour établir des largeurs d'entrecolonnements, des arrangements de portes, de croisées, de trumeaux, de saillies; sans ces précautions on s'exposeroit à introduire sur la scène des porte-à-faux, des pénétrations, des mutilations & autres défauts qui ne doivent jamais se montrer dans les façades.

Les Ordres dans la décoration exigent une disposition avantageuse dans toutes les parties qui les composent; on doit sur-tout observer fidelement les proportions que leur ont donné les grands Maîtres, & éviter scrupuleusement tout ce qui peut en altérer la beauté; de tant de précautions, il résultera des ordres d'une belle exécution; beautés qui seront toujours imparfaites, si l'on n'observe un rapport exact entre les parties qui les accompagnent, qui les soutiennent & qui les couronnent; il faut donc avant tout consulter le caractere de l'Ordre placé à chaque étage, & l'analogie qui doit avoir lieu entre chacun d'eux, quoique différent conserve ensuite ces transitions heureuses des pleins, des vuides, des ornements & de tous les objets qui concourent à la décoration des étages; sans ces précautions, on ne voit plus que de belles parties, estimables d'ailleurs, mais qui, dénuées de modifications qui unissent les Ordres, se trouvent en contradiction, partagent l'attention du spectateur, & produisent nécessairement un tout mal assorti.

C'est dans le caractere particulier de chaque Ordre que doivent se rencontrer les rapports des pleins & des vuides dont la multiplication annonce la délicatesse, lorsque la rareté annonce la solidité & la simplicité, & que le même esprit qui dispose & décide des proportions, se manifeste dans l'application des niches, des frontons, des balustrades, des impostes, archivoltes & autres parties de la décoration.

C'est donc cette unité d'expression qui fait l'accord général dans un édifice, qui met chaque chose à sa place, de sorte que la plus légere désunion produit une dissonnance dans l'harmonie qui dépend du rapport entre les Ordres, entre les masses, entre les plus petits détails, enfin, entre l'extérieur & l'intérieur. Quel défaut de convenance, par exemple, qu'un Ordre délicat placé à l'extérieur, lorsqu'un rustique se trouve placé dans l'intérieur, qu'une forme de porte ou de croisée plus basse & plus racourcie dans l'intérieur qu'à l'extérieur, que des membres d'Architecture plus délicats & plus ornés aux dehors qu'aux dedans; & enfin lorsque les uns & les autres, loin d'avoir la même expression que l'Ordre choisi, n'ont aucune conformité avec son caractere; conformité essentielle à toutes les parties qui concourent à embellir l'intérieur des appartements, & qui doivent s'annoncer par les dehors.

Si au contraire la décoration exige la suppression des Ordres, se refuser à des modifications permises dans les parties d'une façade, c'est s'exposer à une imitation servile, à un caractere gêné, & se priver des ressources autorisées pour satisfaire à la diversité des Ordonnances; mais pour en user avec discrétion, il faut être familier avec l'étude des Ordres. Glisser légerement sur leur expression & leur propriété, c'est altérer les membres d'Architecture, & déplacer toutes les parties qui doivent les accompagner. Sans toutes ces précautions, on copie les médiocrités dont les anciens Ouvrages ne sont pas toujours exempts; d'où naissent la timidité, l'irrésolution, l'ineptie & mille autres abus.

Comment, dira-t-on, pouvoir s'assurer d'une opinion constante & d'un jugement solide, lorsque le systême d'un Auteur est détruit par celui d'un autre; autant de sentimens qui nous rendent les Ordres douteux & leur origine incertaine? Répondons à ces objections. On ne peut ignorer que chez les Grecs, le premier Ouvrage régulier fut l'Ordre Dorique, encore approuvé aujourd'hui de tous les connoisseurs, que ce même Ordre se suffit à lui-même sans le secours d'aucunes sculptures, que sa beauté, sa régularité & sa simplicité en font un chef-d'œuvre, que ses proportions sont puisées dans la nature, & que le droit qu'il a de nous plaire est parce que toutes les parties ont la forme & la disposition naturelles des corps solides; en effet, l'Ordonnance entiere ne nous peint-elle pas exactement tous les objets qui contribuerent aux constructions des premieres demeures? des troncs d'arbre resserrés à leurs extrémités par des liens, le chapeau qu'on plaçoit dessus & l'empattement qu'on plaçoit dessous pour en perpétuer la durée, les solives qui formoient le plancher, la poutre qui les soutenoit & celle qui les lioit, & enfin les jambes de force qui réunies au faitage formoient les couvertures; autant d'objets qui ont déterminé nos prédécesseurs à imiter la nature dans les premiers essais; ce qui nous invite à croire que cette nature a dû présider à la naissance de la véritable Architecture, qui dans la suite se perfectionna, & fut soumise à l'industrie humaine; imitation réfléchie qui a perpétué la beauté des formes & fixé les proportions & les rapports qui causent aujourd'hui notre admiration.

Parmi les Temples construits sur les proportions doriques, les habitans de Délos en éleverent un à Apollon, qu'ils symboliserent par la lyre de ce Dieu, en l'appliquant à l'extrémité des solives, au lieu de triglyphe; & par les instruments des sacrifices qu'ils placerent dans les métopes, les diverse divinités donnerent lieu à des variations dans les porportions de l'Ordre, en sorte que de mâle qu'il étoit il devint agréable; ce fut alors que l'Architecture sortit de l'enfance, & que l'on commença à connoître l'élégance & les graces délicates & légeres. Cet art sublime s'acrut chez les Romains, qui, s'ils n'ont pas surpassé les Grecs en innovation, ne nous ont pas moins donné des preuves de leur discernement dans le goût, la magnificence & l'immensité des entreprises, & dans les différentes applications qu'ils en ont faites; c'est par une étude réitérée de leurs productions que nous pouvons nous accoutumer à apprécier le génie des anciens, à passer, comme eux, du simple au composé, à mettre du goût & du raisonnement dans nos compositions, à préferer les ouvrages de l'antiquité à ces découvertes chimériques, fruit de la foiblesse & de la médiocrité.

Rappellons-nous que l'Ordre dorique, à son aspect, porte un caractere naturel & solide, & que c'est dans le même esprit que les différents Ordres doivent avoir aussi différents caracteres qui se distinguent dans la variété des membres, tels que la multiplicité des larmiers & des cimaises, des mutules, modillons, denticules & autres objets qui n'ont droit de plaire qu'autant qu'ils représentent de la fermeté ou de la délicatesse, de la simplicité ou de l'élégance; c'est donc par ces connoissances qu'on peut flatuer l'expression de chaque Ordre en particulier soit en augmentant, soit en diminuant relativement à l'esprit de l'Ordonnance, soit même en se permettant quelques modifications dans les détails, mais aucunement dans le rapport du diametre avec les hauteurs de la colonne qui la priveroit infailliblement de son véritable caractere.

Nous devons aussi dans l'Architecture réguliere nous abstenir de toute espece de pénétration, de bases, de fûts, de chapiteaux, de mutules, de modillon, &c. ainsi que des bossages & réfends dans les Ordres moyens & délicats, objets qui n'appartiennent qu'aux Ordres rustiques & solides de colonnes ovales engagées ou nichées, qui leur fait perdre leur véritable diametre; & si l'on ose se permettre quelques changements dans les corniches que nous tenons des anciens, que ce soit avec beaucoup de discernement, & toujours sans s'écarter de l'esprit de convenance relative à chaque Ordre.

Si nous avons dû nous défendre tous les abus en Architecture dans les dehors, nous devons être plus indulgens dans les dedans où les modifications, les licences peuvent avoir lieu en certaines parties; à l'extérieur le peu d'importance des édifices, & dans l'intérieur le peu d'élévation des planchers, nous défendent l'application des Ordres, mais l'un & l'autre n'en doivent pas être pour cela moins réguliers, & leur Ordonnance moins solide ou délicate, moins Dorique, ou Corinthienne; quoique les ordres n'y soient pas, ils n'en doivent pas moins conserver leurs parties essentielles, qui en retiennent l'expreſſion ; par exemple, la corniche & l'architrave peuvent ſeules couronner l'édifice ; l'architrave & le chapiteau peuvent faire impoſtes, archivoltes & chambranles ; le ſocle du piedeſtal peut ſervir de retraite au-dehors & le lambris d'appui au-dedans ; la proportion des pleins & des vuides, les largeurs de portes, de croiſées, de trumeaux, d'écoinçon, d'encoignures & autres objets, qui par leurs reliefs ou enfoncements contribuent ſouvent ſeuls à déterminer le caractere de l'édifice, lorſque ces parties ſont puiſées dans l'expreſſion de l'Ordre, que par retenue ou autrement, on n'a pas cru devoir employer, & que l'on réſerve pour les édifices d'importance.

On peut, ſuivant les circonſtances, employer l'Ordre dans l'avant-corps principal & le ſupprimer dans les aîles ou arrieres-corps pour n'en retenir que les parties eſſentielles, telles que dans la corniche, la cimaiſe inférieure, convertiſſant le reſte en plinthe, telles en ſupprimant la friſe & l'architrave pour n'en retenir que la corniche ; on peut en uſer de même dans les intérieurs lorſque l'on veut montrer plus de légereté & de richeſſe, & donner en apparence plus de hauteur aux planchers, en courbant la friſe, la faiſant anticiper ſur le plafond, la terminant par un cadre décoré d'ornements relatifs à ſa convenance ; c'eſt dans cette partie de la décoration, & dans les membres qui la compoſent, que l'artiſte trouve une ſource inépuiſable d'objets propres à lui ſervir de couronnements dans les ſallons, dans les veſtibules, dans les eſcaliers & dans toutes les pieces qui compoſent un appartement, genre qu'il peut décompoſer d'une infinité de manieres, ne quittant jamais de vue l'Ordre choiſi, & ſon caractere dans les ſaillies, dans les profils, dans les moulures & dans tous les membres qui font partie de la hauteur de l'étage, ſe gardant auſſi par une imitation inconſéquente de rapprocher de l'œil un objet qui ne doit jamais en être que très-éloigné, ou de s'en éloigner, lorſqu'il doit en être fort près ; la ſituation, l'aſpect du lieu & ſur-tout le caractere de l'Ordre devant déterminer l'expreſſion des parties qui concourent à la décoration.

C'eſt donc la connoiſſance des Ordres d'Architecture qui anime l'Artiſte & lui inſpire les belles proportions, l'accord & l'harmonie qui raviſſent l'ame & charment les ſens. L'Architecture comme la Poéſie & la Muſique eſt ſuſceptible d'expreſſion grave ou légere, riche ou ſimple ; c'eſt elle qui donne à l'édifice un caractere convenable, qui embellit les Cités, qui attire l'étranger & releve la gloire des nations ; là s'éleve un Temple auguſte & majeſtueux ; ici un magnifique Palais ; plus loin un ſuperbe Hôtel-de-Ville, d'un côté un arcenal, d'une autre un Hôtel des Monnoies, tantôt une Bourse, tantôt un Palais de Justice ou une Place publique ; tels sont les trésors que nous offrent l'Architecture. L'Artiste qui consacre ses veilles à l'études des Ordres apprend à distinguer leur vrai caractere, à les placer chacun convenablement & à les supprimer à propos pour en substituer l'expression qu'il répand dans tous les membres, dans toutes les moulures & dans tous les ornements qui concourent à la décoration des façades. C'est dans l'étude de ces mêmes Ordres que les grands Hommes qui nous ont précédé ont, comme dans une source féconde, puisé le germe des chef-d'œuvres qu'ils ont produit ; Ouvrages élevés autant à leur propre gloire qu'à celle des Princes généreux qui ont encouragé leurs talens. C'est aux pieds de ces chef-d'œuvres que les Eleves doivent s'empresser de consulter les mânes des grands Artistes ; que de miracles naîtront à la contemplation de ces édifices ! c'est alors que sentant en eux cet enthousiasme sublime qui enfante les grandes entreprises, ils perceront l'obscurité qui les enveloppoit & marcheront à grands pas dans la carriere qui conduit à l'immortalité.

Du Goût.

On parle de goût en Architecture, & peu de gens sont en état de le définir ; c'est un flambeau qui éclaire les Artistes dans leurs compositions ; c'est le Juge né des Arts réduits à des principes constants uniquement faits pour plaire ; c'est en un mot, le plus haut point de perfection où il soit possible d'atteindre.

Le goût est de deux sortes, l'un naturel & l'autre acquis ; l'un exprime un sentiment qu'on ne connoît pas, & cause une sorte de plaisir à la vue des productions, l'autre cause à l'ame des sensations dont l'esprit peut se rendre compte ; ce dernier peut être augmenté ou modifié par le premier, en sorte que tout deux ont besoin l'un de l'autre pour parvenir à la plus grande perfection. Le goût acquis a donc une espece de prééminence ; sans cesser d'être naturel, il s'est rendu le plus parfait, & si les Artistes s'appliquoient à étendre & développer le goût naturel, ils posséderoient les moyens sûrs de parvenir à l'excellent.

Dans les temps obscurs la plupart des peuples ont fait cas des productions médiocres. Le goût acquis étant encore dans le néant, dans des siecles moins reculés, le goût s'est quelquefois perdu ; les Arts jouissants d'une sorte de célébrité les Citoyens se sont ennuyés d'une beauté trop uniforme, & ont forcé les Artistes à prendre des routes écartées.

Le goût dans les Arts ne peut s'acquérir que par les comparaisons, les seuls préceptes n'ont point fait l'homme de génie, la théorie ne peut le faire éclore; l'enthousiasme seul surmonte les obstacles, les ouvrages réguliers & séveres refroidissent le génie; mais les ouvrages de goût entraînent à une admiration, échauffent & forment les grands Artistes; en un mot, s'il faut du goût & de l'enthousiame pour développer les principes des Arts, il en faut aussi pour sentir la justesse & l'étendue de ces mêmes principes.

Le goût en Architecture doit donc inspirer les rapports, les convenances & toutes les productions qui peuvent satisfaire le spectateur éclairé; ce dernier anime le génie de l'Artiste, l'éleve au-dessus des préceptes & l'amene à un jugement qui est pour les Arts le plus haut point de perfection; en décoration, le goût fixe le genre, regle la forme, assigne les grandeurs & détermine l'expression; en distribution, il procure les moyens de concilier l'Ordonnance extérieure avec la commodité intérieure; enfin, en construction il inspire à l'Artiste des ressources pour joindre à la solidité la beauté & la variété des formes.

Pour acquérir le goût il faut du sentiment & de l'esprit, l'un excité par les objets sensibles en rend compte à l'autre, & tous deux réunis enfantent le jugement qui conduit l'Architecte à l'excellence de son Art; si donc il s'applique à l'étude des préceptes, l'un & l'autre enflammeront son génie en lui montrant les loix de la convenance, le choix des proportions & la beauté de l'Ordonnance.

La connoissance des préceptes doit donc faire la base du goût en Architecture; connoissance qui a pour but la théorie & la pratique du bâtiment; cependant l'Architecture la mieux conçue, la mieux combinée, est souvent très-imparfaite, si elle n'offre aucun caractere distinctif & particulier. Que doit-on penser d'un édifice somptueux qui n'annonce aucunement l'usage auquel il est destiné? Des frais, des dépenses immenses comparées avec une utilité apparente ne peuvent offrir qu'une production peu réfléchie, & ne donnent de l'Architecte qu'une idée peu favorable. Le goût fait valoir les préceptes reçus, en détermine le choix & l'application; sans le goût, les Ouvrages même réguliers deviennent monotones & froids; l'œil exige l'union des rapports généraux avec la symmétrie respective; le sentiment intérieur se plaît dans la convenance & dans le style; tous deux acquierent par l'usage l'uſage une préciſion & une délicateſſe inconnues au commun des hommes, l'imitation de la nature donne au goût de la fécondité; l'univers & ſes richeſſes appartiennent à l'Artiſte, il en peut diſpoſer, mais toujours avec prudence, & ne jamais oublier que toutes les productions doivent être réfléchies & ſimples, qu'elles doivent retracer la dignité ou l'opulence, qu'en architecture il doit ſe trouver un but où ſe rapportent les objets les plus éloignés, de ſorte que le premier connu indique les autres. L'Artiſte qui ſaiſit mal, fatigue & gêne l'eſprit du ſpectateur, n'excite que des regrets, & nous cache l'excellence d'un art qu'il devoit concilier avec la nature; il faut ſavoir démêler l'analogie qu'ils ont entre eux, & ſe rappeller les premiers modeles: en effet les Grecs, doués d'un génie heureux, avoient ſaiſi avec juſteſſe les traits qui caractériſent la nature, ils ont jugé qu'en imitation il y avoit un choix à faire; avant eux les beautés de l'art ne conſiſtoient que dans l'énormité des maſſes, & l'immenſité des entrepriſes; plus éclairés que leurs prédéceſſeurs, ils aimerent mieux plaire que d'étonner, & crurent que l'unité & les proportions devoient faire la baſe de leurs productions. Dans la ſuite lorſque les arts ſe furent réfugiés en Italie, on ſe porta en Grece, on y creuſa juſques dans les tombeaux, on apporta à Rome l'antiquité & toute ſa plendeur; on étudia les ouvrages, on y recueillit des regles, des principes & des exemples ſans nombre: enfin l'imitation de l'antiquité fut pour les Romains, ce que la nature avoit été pour les Grecs, ils apprirent bientôt que ſon vrai but étoit de plaire; ce qui ſervit de guide à leur génie, & de regles dans leurs compoſitions.

C'eſt donc dans les anciens chef-d'œuvres de ces deux Nations illuſtres que ſe manifeſterent cette liberté & ce vrai goût qui ſe rencontrent peu dans les ouvrages modernes; l'antiquité jointe à la nature ont donc ſeul le droit de faire éclore un génie heureux, & de le conduire au faîte de la perfection; aidés comme les Romains, nous pouvons conſulter l'antiquité & la nature; fixons cette derniere, nous y verrons un ordre admirable & une variété infinie, nous y reconnoîtrons des rapports juſtes entre le tout & les parties, entre les effets & les cauſes; nous y remarquerons une ſimplicité ſans monotonie, une richeſſe ſans affectation, & une fécondité ſans confuſion; combien d'Artiſtes ſe ſont égarés pour l'avoir méconnue, combien ſe ſont abuſés en préférant ſes déſordres, combien pour l'avoir mal conſulté ont fait & font encore parmi nous des conſtructions ſemblables à celles des premiers Romains. La bonne imitation exige du goût, ſans lui les plus beaux modeles dégénerent, & les plus belles productions s'anéantiſſent; les Grecs & les

F

Romains même, que nous applaudissons, ont eu comme les premiers Egyptiens un début & des incertitudes; la foiblesse humaine a engendré des licences, de-là les abus qui donnent aux hommes peu éclairés une sorte de liberté, souvent pleine d'inconséquences; on applique les mêmes ordonnances & les mêmes ornements aux édifices de différens genres, on emploie différentes ordonnances & différens genres d'ornemens aux édifices de même sorte, on a recours à des nouveautés, qui à leur tour le cedent à d'autres, ensorte que les Artistes de nos jours perdant de vue les vrais préceptes, incertains sur le choix, ne craignent plus de sacrifier à la variété des formes la dignité dans les édifices sacrés, la bienséance dans les monuments publics, & la simplicité dans les bâtiments d'habitation; peu instruits des vrais principes, & révoltés contre une imitation sage & modeste, ils se croient tout permis, ils semblent affecter de s'éloigner des Maîtres qu'ils ne peuvent atteindre; l'impression des ouvrages célebres s'efface entierement de leur esprit, & lorsque la libéralité des grands & l'opulence des particuliers peut rendre à l'Architecture tous ses droits, elle voit avec douleur ses loix méprisées, ses préceptes anéantis, & la témérité s'élever sur ses débris.

Cherchons donc les beautés que le goût fait naître, étudions la nature, apprenons les leçons que l'art nous enseigne, appliquons-nous à nous perfectionner par les comparaisons, autant de moyens qui nous forcent à découvrir ce vrai goût desiré; croyons qu'un édifice ne peut plaire que lorsqu'on a pris soin de mettre dans sa structure un accord parfait entre les masses & les parties, une sévérité d'expression, & un enchaînement de rapports dans la décoration, une régularité & une symmétrie agréable dans la distribution, en un mot une économie & une perfection de main-d'œuvre dans la construction, objets indispensables sans lesquels on ne sauroit parvenir à la perfection & à l'excellence.

Le goût aidé du raisonnement veut l'imitation de la véritable antiquité; plus réguliere & plus conséquente que toutes les autres, elle occupe l'ame sans partage, elle obtient le suffrage des hommes célebres; les ouvrages Gothiques ont à la vérité leur mérite, mais ces productions sont presque toujours des énigmes que l'esprit ne peut comprendre, que l'œil ne peut définir, & dont le spectateur ne peut se rendre compte.

Le goût veut de grands objets dans des lieux vastes & étendus; le grand & le petit ne pouvant se concilier, il veut un rapport & un même genre dans toutes les parties de décoration: il ne permet aucun mélange de rusticité & de délicatesse, aucune expression de différent genre, quoique belle chacune en particulier, peu d'ornements dans les ordonnances simples, de l'élégance dans les ordonnances riches, les vraies beautés consistant dans l'accord des masses & des parties qui en dépendent; enfin un édifice doit présenter avec ordre une diversité de formes assez simples pour être apperçues du premier coup-d'œil, & assez variées pour être examinées avec plaisir.

Le goût exige l'art de bien profiler, objet essentiel à un Architecte, art qui dépend moins du génie que des connoissances mathématiques & de l'étude des meilleurs Auteurs; cet art a à la vérité ses principes & ses regles fondamentales, mais le goût est son guide, & a seul le droit de faire un bon choix; un esprit de méditation sans contrainte, & une imagination réglée sans servitude, font naître le goût propre & convenable à l'objet. Pour donner aux profils une expression analogue, l'Artiste doit connoître la qualité des matieres, prévoir le point de distance d'où elles doivent êtres apperçues, apprécier le volume d'air qui doit les environner, & s'appliquer sur-tout à distinguer le genre qui les amene sur la scene, afin d'être à portée de leur procurer ce caractere ferme ou léger, riche ou simple, qui produit une harmonie si agréable en Architecture.

Le goût défend l'application de plusieurs ordres d'expression différente; & semble n'en vouloir qu'un seul dans une même facade; il ne les autorise que dans les palais & les édifices publics, où ils sont susceptibles d'un grand diametre, les bâtiments particuliers n'en devant retenir que l'expression; s'éloigner de ces préceptes c'est vouloir appliquer des parties qui annoncent de la grandeur à des étages de peu d'élévation autorisée par la convenance & l'économie. Les compositions des grands Maîtres sont simples, même dans les ouvrages les plus importants, celles des Artistes médiocres au contraire sont remplies de confusion; c'est donc affecter de la médiocrité que d'élever plusieurs petits ordres les uns sur les autres, qui semblent rapetisser la décoration extérieure.

Le goût permet les ordres colossaux dans la décoration des palais & des grands édifices, & les défend dans ceux destinés à l'habitation des particuliers; fondé sur la raison, il n'admet ni systême ni opinion particuliere, il doit être un, & c'est s'écarter de l'unité que d'affecter, dans les décorations extérieures, de grands ordres difficiles à concilier avec la distribution intérieure. Il ne suffit pas d'imiter ce que les autres ont fait, on doit avant tout réfléchir; nous n'avons plus rien à trouver, il ne nous reste que de savoir appliquer à nos besoins les découvertes estimables de nos prédécesseurs, à joindre aux préceptes les loix que le goût nous impose, & sur-tout à saisir la nature dans ses divers aspects, pour parvenir à l'excellent.

En décoration le goût exige que l'Architecture occupe le premier rang, & que tous les autres arts lui soient subordonnés; le grand nombre d'ornements n'augmente point la beauté des façades, mais seulement ceux qui, puisés dans la nature, ont des beautés constantes : tous les objets d'agrément paroissent médiocres lorsqu'ils sont déplacés, & le goût est mécontent lorsqu'il lui reste des desirs; usons donc des ornements avec sobriété, & n'oublions jamais que l'art de les appliquer en fait le seul mérite, qu'aucun d'eux ne doit être postiche ni déplacé, mais au contraire amenés insensiblement dans l'Architecture pour l'embellir, & non pour la défigurer, l'accabler, & en quelque sorte l'ensevelir; tels sont les ornements Gothiques, dont la confusion déplaît & fatigue les yeux: qu'enfin l'Architecture se suffit à elle-même par le choix de l'ordonnance & la beauté de ses proportions, que le goût doit guider le crayon & le génie de l'Artiste dans la distribution de ses ornements, dans les reliefs & les symboles, dans les repos & les intervalles qui tendent à les faire valoir, sans blesser la dignité de l'Architecture.

Le goût acquis n'autorise aucune mode toujours préjudiciable à sa perfection & à ses progrès, la nouveauté n'étant permise qu'avec beaucoup de modération; le véritable Artiste sait résister au torrent, & mépriser un génie superficiel que l'homme médiocre traite de feu & d'invention; c'est cette mode qui a tant varié l'espece & la forme des ornements, qui les a trop souvent placé sans distinction dans les édifices sacrés ou profanes, dans les palais des Rois, dans les demeures du Prélat, du Magistrat, du Sçavant & du Particulier; c'est elle qui a multiplié jusqu'à l'excès ces sinuosités indiscretes dans les plans & les élévations; c'est par elle que l'ame éprouve une sorte de dégoût à leur aspect, lorsqu'on y remarque une confusion rebutante, écarts d'autant plus dangereux qu'ils n'ont eu que trop de prosélytes qui ont surpassé leurs Maîtres; écarts qui se seroient perpétués à l'infini si des Artistes célebres n'avoient, par leurs efforts, restitué à l'art les vraies beautés que la mode & le caprice lui avoient fait perdre.

Le bon goût ne permet aucuns frontons, lorsqu'ils paroissent inutiles, il en condamne le grand nombre, & défend ceux qui sont trop surmontés ou trop surbaissés, interrompus, coupés ou enroulés; il défend aussi l'emploi immodéré des niches, & semble ne les autoriser que dans la décoration des temples. Etayé des préceptes de l'art, il ne peut tolérer les balustrades placées au pied des combles apperçus; il exige une combinaison réfléchie sur l'emploi des soubassements & des attiques, exclut les tables rentrantes ou saillantes, par-tout où la simplicité l'exige; il condamne le grand nombre d'avants & d'arriere-corps, ainsi que les tours rondes ou creuses, & autres sinuosités dans les ordonnances solides; il veut que le mouvement des plans soit conforme à l'expression & au caractere qui préside dans les façades; il ne peut souffrir aucun ornement profane, arbitraire, ni même indifférent, dans les monuments élevés à la piété, aucun ornement sacré dans ceux élevés au paganisme, aucune sculpture qui puisse avoir quelque part à l'avilissement & à la servitude; il rejette les ornements des moulures, appliqués souvent sans réserve, ainsi que toute espece d'encorbellement soutenant de pesants fardeaux; il préfere les colonnes ou autres corps solides portant de fond; il veut des cours spacieuses & aérées, capables de contribuer à la salubrité des habitations, & des couverts à l'approche des vestibules; il condamne une trop grande élévation & souvent inutile, des portes d'entrées d'hôtels & maisons particulieres; il exclut l'emploi inconsidéré des colonnes ovales ou jumelles, & désaprouve ces porte-à-faux amenés en Architecture par négligence ou inadvertance, qu'aucune beauté ne peut racheter; le bon goût veut aussi que l'intérieur soit assorti à l'importance des dehors, que chaque appartement porte un caractere analogue à son usage, que les ornements soient graves lorsqu'ils sont placés dans les pieces consacrées aux affaires, qu'ils le soient moins lorsqu'ils sont placés dans celles destinées à la société, & enfin plus rians encore dans celles consacrées au repos & à la retraite; le bon goût s'étend jusqu'à la forme des meubles, au choix des étoffes, à l'espece des matieres, à l'assortiment des bois, des marbres, des stucs, des plâtres, du fer, du bronze, à la dorure, & enfin à l'unité des tons; il s'oppose quelquefois à l'emploi des glaces placées entre deux croisées, il n'approuve point les peintures colorées dans les plafonds & les voûtes des salons & galeries, & condamne sur-tout une répétition de semblables allégories dans les édifices de différents genres: enfin l'effet que nous devons attendre du bon goût est de nous conduire peu-à-peu par des sensations aux préceptes de l'art, & de nous préserver de tout ce qui peut nous éloigner de la convenance & du vrai.

Du Sublime.

Pour distinguer le sublime en Architecture, il faut être pénétré des principes de son art, & connoître toutes les loix qu'il impose, sans ces précautions on met au rang des beautés l'étendue, la grandeur, la profusion, & souvent le prix des matieres; pour apprécier le sublime il faudroit soi même être sublime; qui peut se flatter d'atteindre à ce haut point de perfection?

Evitons le gigantesque qui n'en impose qu'au vulgaire, rappellons-nous que l'Architecture Egyptienne étoit plus étonnante que belle, l'Architecture Grecque plus réguliere qu'ingénieuse, l'Architecture Romaine plus sçavante qu'admirable, l'Architecture Gothique plus solide que satisfaisante, & enfin l'Architecture Françoise plus commode qu'intéressante.

Pour parvenir au sublime il faut réunir dans ses productions le génie & le savoir, la régularité & la convenance, la solidité & la commodité; le génie & l'enthousiasme éleve l'Artiste, l'esprit méthodique & la méditation forme l'Architecte; un édifice à son aspect doit émouvoir l'ame du Spectateur, l'entraîner & la porter à une admiration dont on ne peut en quelque sorte rendre un compte bien exact. Le genre sublime convient à nos temples, c'est-là que l'ordonnance doit porter un caractere élevé qui rappelle l'homme à Dieu, à la Religion, à soi-même, tout dans un tel monument doit être tracé par une main divine, une hauteur de voûte, un intérieur spacieux, une lumiere modérée analogue aux Saints Mysteres, des façades élevées & pyramidales, une symmétrie respective, des dimensions enfin émanées des préceptes, sont les vraies beautés dont quelques-uns de nos temples portent l'empreinte; c'est-là sans contredit que doit régner la grandeur, la majesté, la dignité, beaucoup de simplicité, peu de sculpture, mais belle & grande, une distribution sage, une expression convenable, un ensemble majestueux, un aspect divin doivent être leur principal mérite; le sublime est négligé présentement dans nos temples, le stuc, l'or, les sculptures & les cartonnages en usage dans nos Palais & nos théâtres, sont les ornements qu'on y emploie, & à l'exception des chef-d'œuvres de peinture & de sculpture qui seroient placés plus convenablement ailleurs, on y distingue à peine l'Architecte instruit, & l'Artiste habile.

Le sublime en Architecture convient aux édifices publics, aux sépultures des Grands-Hommes, & à tout monument destiné à rappeller à la patrie la mémoire & les actions des Héros, son caractere grand éleve l'esprit, le saisit & l'étonne; on le reconnoît à une harmonie suivie, à un accord général qui force à l'admiration, tel est celui qu'on remarque à l'Orangerie de Versailles, au Péristile du Louvre, au Val-de-Grace, à la Porte Saint-Denis, dont la régularité des masses, & la beauté des détails, assurent à ces édifices une gloire immortelle.

De l'Unité.

L'unité fait une des beautés essentielles de l'Architecture; née chez les

Egyptiens, elle est devenue le triomphe des Grecs, des peuples ingénieux; des Hommes sçavants, des Princes généreux devoient se succéder pour développer & perfectionner le goût & les préceptes; tant de beautés, tant de découvertes, tant de variétés étoient réservées à cette Nation illustre. Rome ancienne a vu naître des chef-d'œuvres, mais pour la plupart d'un style sévere, compliqué & surchargé d'ornements, obstacles qui ont écarté des loix de l'unité; Rome nouvelle en la cherchant a perdu de vue les beaux originaux & leur simplicité, & s'est laissée entraîner à la mutilation des membres, à la pénétration des corps & au contraste des formes, à l'exception de quelques temples consacrés au Christianisme; Rome ancienne contient seule dans son sein les trésors de l'Architecture; la France a enchéri sur ses productions, imitant ses chef-d'œuvres, elle s'est frayée une nouvelle route, a perfectionné la maniere de bâtir, & a pour ainsi dire créé l'art de la distribution, ensorte que ces trois branches réunies lui ont acquis le droit de prééminence sur toutes les Nations les plus florissantes. Pour conserver cette unité desirable, l'Architecture doit être simple dans son principe, elle doit présenter un caractere que l'art ne peut définir, que nul ne peut enseigner, mais qui enchante l'ame & les yeux.

L'unité en Architecture a pour objet principal de concilier l'ordonnance, la commodité & la solidité, de n'admetre dans sa décoration ni plusieurs genres ni plusieurs expressions, aucun membre quel qu'il soit qui ne soit puisé dans la même source, aucun ordre de différent diametre ou de différente expression, aucune interruption dans les niveaux, des architraves, des frises, des corniches, des frontons, des étages, aucun abus de richesses dans les dehors ou de simplicité dans les dedans, trop de mouvement dans les plans, trop de différence dans la hauteur des combles, trop de disproportion dans les ouvertures d'un même étage, trop d'inégalité dans les trumeaux; enfin malgré les nuances d'obligation entre les objets principaux & leurs dépendances, l'unité doit montrer par-tout le même genre, le même style, le même esprit & la même expression.

De la Symmétrie.

Une des principales beautés en Architecture est la symmétrie; cette partie de la décoration s'oppose aux formes contrastées, les oblige en certaines circonstances à devenir régulieres dans leurs côtés opposés, dédommage d'une trop grande simplicité dans les bâtiments particuliers, & contribue à faire valoir la richesse dans les bâtiments d'importance; une symmétrie sans affectation n'est point monotone, comme on affecte de le croire, elle plaît à l'œil, conduit à la simplicité, & préserve toujours des écarts d'imagination; que d'édifices où la symmétrie négligée ne nous présente que des productions irrégulieres; par exemple, les pavillons de Passy, du côté des jardins, sont de différente largeur; la hauteur des pavillons des faces latérales du Luxembourg est inégale; l'hôtel de Belle-Isle, du côté de la riviere, ne nous fait voir qu'une aile; la façade des Tuileries, du côté du jardin, est composée de deux genres d'Architecture; celle de la gallerie du Louvre, du côté de la riviere, est de plusieurs genres; tous ces édifices, qui ont leur mérite d'ailleurs, ne pêchent pas moins contre les loix de la symmétrie: leurs divers mouvements ont leur excuse à la vérité, mais ces excuses peuvent-elles satisfaire; des exemples sans autorité, ne trouvent que trop d'imitateurs, qui, pour la plupart ignorant les vrais motifs qui les ont fait naître, admettent dans leurs compositions des erreurs sans nombre, & changent en abus les licences des grands Maîtres. L'irrégularité dans une façade ne peut inviter à l'admiration, il faut que tout variés que soient leurs aspects, ils soient symmétriques, sans quoi toutes ces parties, belles par elles-mêmes, n'offrent qu'un ensemble mal assorti, dont le style & le caractere enfantent mille contrastes.

De la Convenance.

Un édifice a de la convenance lorsque la bienséance n'est point blessée, lorsque le choix des ornements est assorti & relatif au genre de l'ordonnance, lorsqu'enfin les parties principales sont exactement conformes à l'objet qui a donné lieu à l'érection du bâtiment; quelle inconséquence, par exemple, d'employer les ornements profanes dans les lieux sacrés, & les ornements sacrés dans les édifices profanes, d'autres arbitraires dans les monuments publics, des ordres rustiques dans les palais, des ordres délicats dans les édifices grossiers, & enfin une multitude de membres d'architecture & de sculpture où la simplicité doit présider; une Architecture a de la convenance lorsqu'elle s'annonce au premier aspect, lorsqu'elle peint la valeur ou l'opulence, la somptuosité ou l'économie; elle doit montrer de la magnificence dans les palais des Rois, de la majesté dans les temples, de la grandeur dans les édifices publics, de la somptuosité dans les monuments élevés à la gloire des Héros, de l'élégance dans les promenades, de la beauté dans la demeure des riches, de la légereté dans les édifices d'agrément, de la solidité

lidité dans ceux élevés pour la sûreté, de la commodité dans ceux de location, & de la variété dans l'intérieur des appartements; enfin la convenance mene au vrai, préserve l'Artiste de tout écart, & lui indique le lieu du sublime, du grand, de l'élégant & du simple, perfection qui seule peut le conduire à l'excellence de son art; c'est dans cet esprit qu'ont été élevés l'Arc de Triomphe du Trône & la Porte Saint-Denis, l'intérieur du Val-de-Grace, de la Sorbonne, des Châteaux de Maisons de Clagny & de Saint-Germain-en-Laye, les Ecuries & l'Orangerie de Versailles, & la plupart des monuments Grecs & Romains; c'est par des modeles où la bienséance préside, que ces deux Nations se sont illustrées, qu'elles ont fait naître tant d'imitateurs, & se sont attiré le suffrage unanime de tous les Artistes.

Du Vrai.

Une Architecture vraie est celle qui conserve dans toutes ses parties le style qui lui convient, où chaque membre occupant sa véritable place, offre un caractere décidé, qui ne tient ni du goût national, ni de la mode, ni d'aucune opinion particuliere, où l'on a pris soin d'observer une régularité symmétrique, d'éviter cette variété qui tient du contraste, & de n'employer d'ornements que ceux qui tendent à l'embellir; puisée dans la source de l'art elle n'autorise ni prodigalité dans les sculptures, ni habitude dans les goûts, ni puérilité dans les détails: enfin une Architecture vraie plaît dans toutes ses parties, se montre belle dans son ordonnance, solide dans sa construction, & commode dans sa distribution. Si l'économie des matieres, ou autres assujettissements, forcent à s'éloigner de ce caractere, nous devons y substituer au moins la vraisemblance qui seule peut en dédommager.

De la Vraisemblance.

L'Architecture vraie plaît à tous les yeux, mais l'Architecture vraisemblable plaît aux yeux connoisseurs; cette derniere ne doit montrer dans son ordonnance aucun objet qui puisse choquer le coup-d'œil; sa richesse ou sa simplicité, sa rusticité ou son élégance doivent tenir de l'espece des matieres que les circonstances exigent, c'est elle qui, par les proportions réelles combinées avec les proportions apparentes, concourent à la décoration d'une façade, c'est elle qui fait distinguer la réalité causée par des effets d'optique, moyens qui décident des points de distance où les édifices peuvent être apperçus. Pour plaire à l'Artiste, l'Architecture vraisemblable est moins l'application des préceptes qu'une méditation raisonnée; une vérité qui rebute, une réalité qui ne satisfait point, doivent le céder à la vraisemblance; un édifice où quelques unes de ses parties solides, mais légeres & fréles en apparence, blessent l'œil du Spectateur, pèchent contre la vraisemblance & doivent être rejettées.

De la Mode.

La mode en Architecture est regardée par les grands Maîtres comme la source de tous les vices & l'écueil de l'art; tour à tour pesante ou frivole, massive ou délicate, elle se plie à une imagination indéterminée, à un goût mal assuré, à des loix incertaines, rien de constant dans ses principes, rien de décidé dans ses formes, aucuns détails intéressants: une Architecture de cette espece ne laisse à l'esprit du spectateur qu'une idée vague, & des beautés qu'il cherche mais qu'il ne voit pas; toujours dépourvue d'une vraisemblance si nécessaire, on n'y apperçoit que des foiblesses, & souvent des singularités; c'est elle qui, à l'exemple du plus grand nombre, se présente sans motif, sans objet, sans nécessité, sans convenance, sans aucune raison déterminée que par les caprices & les doutes de l'Artiste; c'est elle qui détourne de la bonne route, de l'imitation des chef-d'œuvres de nos ancêtres, & des belles productions de nos modernes; c'est enfin le tyran du goût & le partage des foibles, malheureusement trop nombreux; des hommes si peu instruits manquant du vrai génie, asservissent leurs productions à celles de leurs contemporains, & ne nous offrent que des compositions stériles & imparfaites.

Du Caractere mâle.

Une Architecture porte un caractere mâle, lorsque sans être lourde & massive, elle conserve une fermeté assortie au genre de l'édifice, lorsque simple dans sa composition, sage dans ses formes, & peu chargée de membres d'architecture & de sculpture, elle s'annonce par des plans rectilignes, des angles droits, & des avant-corps qui portent de grandes ombres; lorsqu'enfin destinée aux édifices publics, tels que les hôpitaux, marchés, foires & bâtiments militaires, elle est composée de masses belles & grandes, où les petites parties sont évitées, le grand & le petit ne pouvant s'allier ensemble: en général on veut faire une Architecture mâle, on la fait souvent matérielle; on veut faire du neuf, on s'expose à des écarts hasardés; on veut imiter l'antique, on n'en fait tout au plus qu'une esquisse informe, sans goût & sans principes. Le Palais du Luxembourg, les Ecuries de Verſailles, & la Porte Saint-Denis, ſeront toujours des exemples admirables qui nous offrent ce caractere mâle tant deſiré.

Du Caractere Ferme.

Une Architecture ferme a moins de peſanteur dans ſes maſſes, des formes plus décidées, des angles & des ſurfaces plus droites, une certitude, une articulation impoſante qui ſatisfait les connoiſſeurs. Les châteaux de Maiſons, de Richelieu & de Vincennes, portent ce caractere de fermeté qui convient aux bâtiments d'habitations.

Du Caractere Viril.

Une Architecture virile differe peu à la vérité des précédentes, mais elle eſt mieux exprimée par une ordonnance Dorique que par toute autre ; la préſence de cet ordre dans la décoration des façades, ne permet aucune licence, aucune partie qui ne ſoit puiſée dans la virilité ; jaloux en quelque ſorte des autres ordres, auxquels il eſt quelquefois aſſocié, il leur communique ſon caractere, ce qu'on peut remarquer au portail de Saint-Gervais, au Château de Maiſons, & au Palais du Luxembourg.

Du Caractere Elégant.

L'élégance en Architecture ne convient qu'aux Ordres Corinthien & Compoſite ; ce genre doit offrir aux ſpectateurs une multitude de percés, un jeu & un mouvement qui ne peut raiſonnablement ſe trouver dans aucune autre ordonnance ; l'élégance convient mieux aux décorations intérieures qu'aux extérieures, l'une & l'autre puiſées dans la même ſource, ont différentes nuances, différence d'où naît un goût, une fineſſe, un tact qui ajoute au ſuccès de l'art : en uſer quelquefois avec modération dans les intérieurs, c'eſt contribuer à la variété des compoſitions ; la décoration extérieure du Château de Trianon, quoique d'Ordre Ionique, peut être regardée comme une Architecture élégante, parce que la diſpoſition générale de ſes bâtiments, le périſtile qui les unit, la diſtribution des ornements & la richeſſe des matieres qu'on y a employé, lui en donnent le caractere, il n'y manque peut-être que l'application d'un Ordre Corinthien ou Compoſite pour en faire un modele parfait en ce genre; observons cependant que cet édifice, qui dépend lui-même d'un plus grand, pourroit, étant placé ailleurs, s'éloigner de la convenance, un des plus grands défauts en Architecture.

Du Caractere Délicat.

La délicatesse en Architecture ajoute beaucoup à son élégance, mais son vrai caractere tient à ses moulures, à ses sculptures & à ses détails; tous ses membres exécutés avec soin & précision, ne doivent montrer ni sécheresse ni pesanteur; semblable aux belles productions Gothiques, elle offre une construction ingénieuse dans les voûtes, des ornements doux & coulans, peu de matiere dans sa structure, peu de reliefs dans les dehors, en un mot une expression élevée qui s'annonce avec goût, contribue à la délicatesse d'une ordonnance.

Du Caractere Léger.

La légerete en Architecture n'est ni l'élégance ni la délicatesse, à la vérité elle participe tant soit peu de l'une & de l'autre, mais elle en differe par ses nuances; si nous distinguons une Architecture mâle d'une Architecture pesante, nous devons aussi distinguer celle qui est légere de celle qui est maigre; les moulures, les ornements, & tous les membres d'architecture & de sculpture doivent porter un caractere de légereté qui surpasse la délicatesse; elle se reconnoit à la proportion des pleins & des vuides, au style & à l'expression Corinthienne: un tel assortiment est essentiel, sans lui on s'éloigne du vrai but, on s'expose à faire naître une Architecture de fantaisie, effet d'un génie inconséquent, plus propre aux décorations théâtrales qu'à l'ordonnance des édifices: en vain des imperfections sont-elles balancées par de grandes beautés, le connoisseur est toujours mécontent; quelle satisfaction au contraire n'éprouve-t-on pas à la vue du péristile du Louvre, où préside une légereté intéressante, une disposition d'entrecolonnement, & une distribution d'ornements choisis & analogues; exemple à jamais mémorable qui nous convaincra toujours de la nécessité d'introduire dans nos compositions cette délicatesse réfléchie qui ne peut altérer le vrai caractere de l'édifice.

Du Caractere Frivole.

Une Architecture frivole est celle dont les parties n'ont ni principes ni raisonnements, ni liaisons, celle où les compositions offrent des chantournements singuliers & bisarres, qui ne peuvent plaire à l'homme de goût; telle est celle des jeunes éleves, qui faute d'expérience présentent à nos yeux des édifices d'une ordonnance hasardée, incertitudes qui, pour être moins frivoles les unes que les autres, n'en sont pas moins préjudiciables aux loix de la bonne Architecture, défauts que les grands hommes ont su éviter scrupuleusement; un préjugé, un anthousiasme, une mode, ne doivent jamais décider du style de l'ordonnance extérieure des édifices importants, édifices destinés à annoncer un jour à la postérité les chef-d'œuvres d'un siecle éclairé, la gloire d'une nation illustre, & le savoir profond des Artistes. Les décorations intérieures, moins séveres peut-être, n'en doivent pas pour cela être médiocres ni frivoles; sans interrompre les liaisons, l'art sait placer ingénieusement certains contrastes qui réunissent le tout avec les parties; trop de retenue, trop de modération, donnent de la sécheresse & de la froideur, & souvent détruisent l'agrément qu'une variété raisonnable peut procurer; les appartements privés de commodité, de société, de parade, doivent s'annoncer différemment, ils ont chacun leurs propriétés & leurs nuances; ceux-ci doivent être graves, ceux-là élégans, & les autres simples; un écart peut quelquefois devenir heureux, mais un abus est intolérable, il faut de la magnificence sans faste, du génie sans entousiasme, & de la retenue sans froideur; montrer par-tout le fruit d'un travail réfléchi & non précipité, aucune licence dans les mœurs & dans la dignité des propriétaires, qui éloigne toujours l'esprit de convenance, & qui fait naître ce caractere frivole qu'on ne peut tolérer, même dans dans les ameublements.

Du Caractere Asservi.

Une Architecture asservie est celle où l'Artiste, assujetti aux procédés des anciens, semble ignorer les découvertes ingénieuses des modernes; celle où, ignorant les ressources permises, tout le gêne & l'embarrasse; celle où, pour réunir la décoration extérieure à la régularité intérieure, il n'a osé faire aucun sacrifice, ni altérer tant soit peu une proportion solide ou délicate, pour s'assujettir avec un entrecolonnement déterminé par le vrai style de l'ordonnance; celle où, instruit en effet des préceptes de l'art, il n'a pu parvenir à concilier le goût & la diversité des moyens qu'on peut employer légitimement dans les différentes productions de l'art.

Du Caractere Pauvre.

Une Architecture pauvre est celle dont l'ordonnance, dénuée des membres principaux nécessaires à son expression, lui donne un caractere de trivialité, celle qui ne remplit ni l'intention du propriétaire ni le but que l'Architecte a dû se proposer, celle où ce dernier, abusant de la simplicité, a méconnu les ressources de son art, & malgré les sculptures & ornements qu'il a mis en usage, n'a pu faire qu'une décoration platte & choquante, celle enfin où les arriere-corps comparés avec les pavillons & les avant-corps semblent désagréables & rebutants, & plus encore relativement à la convenance de l'édifice, des entablements, des corniches même dépourvues de membres, des croisées, des niches, des balustrades, des attiques, des soubassements appauvris, parce qu'il leur manque des parties principales, que le caractere de l'ordre auroit dû inspirer, exécutions foibles qui ne peuvent attirer aucune considération parmi les Sçavants.

Du Caractere Abusif.

En Architecture les licences sont considérées comme des ressources, mais les abus ne peuvent être regardées que comme des médiocrités; une décoration a des abus lorsque l'Architecte ignorant le vrai goût, s'est permis de secouer le joug des bons préceptes, en faisant une application immodérée de certains membres, qui, par économie ou autrement, exigeoient de la simplicité, ou qu'au contraire il a affecté mal-à-propos cette même simplicité dans des édifices importants, où les ordres auroient dû se montrer dans tout leur éclat pour embellir l'ordonnance & lui donner un caractere imposant, lorsque dans ses plans il a joint indistinctement les formes sinueuses avec les rectilignes, le style grave avec l'agréable, ou que sans aucune raison il a introduit des membres pénétrés, engagés & mutilés, lorsqu'il a négligé les relations nécessaires entre le milieu, les extrémités & les parties intermédiaires, ou qu'enfin, faute de goût & d'expérience, il n'a montré dans ses productions qu'un ensemble bisarre, qui n'offre à la postérité que des exemples à éviter.

Application des Ordres & de leur expression.

Après avoir parlé des Ordres & de leurs accessoires, des différents systêmes sur les entrecolonnements, les accouplements, les groupes, les portiques,

& enfin après des observations utiles pour parvenir à reconnoître les vraies beautés de l'art, il reste à traiter des édifices auxquels il convient de les appliquer, de leur caractere, & des diverses manieres d'en user convenablement. Pour y parvenir j'ai cru devoir mettre sous les yeux des bâtiments de différents genres, décorés chacun d'une ordonnance où d'une expression rustique, solide, moyenne & délicate, expression que loin de confondre on doit sentir avec netteté; ce qui contribue plus que l'on ne s'imagine à assigner à chacun d'eux le caractere qui lui convient.

PLANCHES XXII, XXIII & XXIV.

Application de l'Ordre Rustique ou Toscan à la décoration d'une Porte de Ville.

La porte d'entrée d'une ville doit être caractérisée par la force, & conséquemment être décorée d'un Ordre rustique, le plus capable, par sa forme racourcie, de résister aux efforts & aux insultes; devant être d'un genre rustique, la disposition & la proportion générale de ses masses doivent être aussi rustiques, c'est-à-dire, que les avants & arriere-corps doivent se ressentir de l'expression de cet Ordre, autrement ce seroit allier ensemble les contraires; il ne suffit point pour un édifice de cette espece d'avoir fait choix de cet Ordre, il faut encore que ce même caractere se retrouve dans toutes ses parties, non-seulement en architecture, mais encore en sculpture, & dans les ornements qui peuvent y entrer.

La premiere de ces trois Planches représente le plan d'une porte de ville, la deuxieme l'élévation du côté extérieure, décoré d'un Ordre Toscan, & a troisieme l'élévation intérieure, décorée de l'expression du même Ordre.

PLANCHES XXV & XXVI.

Application de l'Ordre Dorique à la décoration d'une Fontaine publique.

Une fontaine publique destinée à recevoir des eaux pour les distribuer ensuite au peuple, doit pour cet effet contenir des réservoirs, des conduites, regards, soupapes, robinets, & toutes choses qui exigent une certaine solidité; le caractere solide de cet Ordre convient plus qu'aucun autre à la décoration d'un tel édifice, caractere qui doit être peint dans tous les membres d'architecture & de sculpture qui y sont employés, en un mot comme dans l'ordonnance précédente, tout doit participer de la même expression.

La premiere de ces deux Planches représente le plan & l'élévation d'une fontaine, décorée d'un Ordre Dorique, élevé sur un soubassement orné de bossages, au milieu & sur un piédestal est la statue du Dieu des Eaux, aux pieds duquel sont deux Naïades, représentant la Seine & la Marne, dont les eaux se réunissent, allusion aux deux rivieres qui arrosent notre capitale.

La deuxieme représente le plan & l'élévation de la même fontaine, mais avec l'expression de l'Ordre, décoré de bossages ornés de congellations. Cette expression est comme l'ordonnance, élevée sur un soubassement décoré aussi de bossages avec des congellations.

PLANCHES XXVII & XXVIII.

Application de l'Ordre Ionique à la décoration d'un Belveder.

Un belveder, ou maison de plaisance, destiné à occuper une place à la campagne, au fond d'un parc ou dans un jardin, est un édifice d'agrément ; raison pour laquelle l'Ordre agréable est celui qui lui convient le mieux.

La premiere de ces deux Planches représente le plan & l'élévation de l'édifice, ayant les quatre faces semblables ; chacune d'elles est décorée d'un avant-corps formant péristile, précédé d'un perron, terminé aux quatre angles principaux par des socles portant des vases antiques, au milieu est un salon destiné aux agréments de la société, décoré d'une ordonnance légere.

La deuxieme représente le même édifice, à l'ordonnance duquel on a substitué l'expression, & où les quatre péristiles sont convertis en pieces de commodité ; au milieu est un salon précédé d'un vestibule, facilitant la communication aux pieces voisines par des dégagements, d'un côté à un escalier, & de l'autre à des garderobes ; à droite du salon est une chambre à coucher, un cabinet de toilette & des garderobes, à gauche est un cabinet & une méridienne, à l'extrémité du salon est une salle de compagnie, avoisinée de garderobes.

PLANCHES XXIX & XXX.

Application de l'Ordre Corinthien à la façade principale d'un Palais.

La façade principale d'un palais exige une décoration majestueuse & imposante

posante; c'est-là que doit regner l'Ordre Corinthien, le plus somptueux & le plus magnifique de tous; l'application de cet Ordre ne suffit pas pour donner à l'extérieur le caractere imposant qui convient à l'habitation d'un grand Prince, il faut encore du mouvement dans les plans des avant-corps qui portent des ombres, ce qui enleve à son extérieur un froid glaçant, inséparable d'une façade plantée en ligne droite.

La premiere de ces deux Planches représente le plan & l'élévation de la principale façade d'un palais, décoré d'un péristile d'Ordre Corinthien riche & majestueux; cet Ordre est élevé sur un soubassement distribué de portiques, & couronné d'un attique en retraite, au-devant duquel est une terrasse regnant sur toute la partie du péristile; au rez-de-chaussée est un grand vestibule communiquant au grand escalier. Il est facile de juger que l'étage le plus riche est destiné pour la demeure du Prince, celui au-dessus pour celle des Officiers, & celui au-dessous pour les pieces d'utilité.

La deuxieme représente le plan & l'élévation de la même façade, décorée de l'expression du même Ordre; cette derniere qui n'est point la principale, est destinée à accompagner la précédente, soit en arriere-corps latéralement, ou en aile: raison pour laquelle on a supprimé l'ordonnance, & cela pour faire prééminer davantage la principale façade; si le soubassement n'est point décoré comme le précédent, c'est parce qu'on suppose que les deux faces ne sont point vues ensemble, sans quoi ce seroit pécher contre l'uniformité & la symmétrie, l'une des beautés essentielles en Architecture.

PLANCHES XXXI & XXXII.

Application de l'Ordre Composite à la décoration d'un Arc de Triomphe ou Porte Triomphale.

Une porte triomphale élevée à la mémoire d'un Prince ou d'un Héros, doit porter un caractere grave & majestueux, raison pour laquelle l'Ordre viril pourroit, peut-être, y être appliqué plus convenablement; cependant comme un tel monument doit retracer à la postérité les vertus d'un Héros, il doit aussi être décoré d'une ordonnance susceptible d'ornements, de bas-reliefs, symboles & allégories relatives: telle est une ordonnance Composite, où l'Artiste peut s'écarter des loix séveres que lui imposent les autres Ordres, pour faire éclore des compositions ingénieuses & satisfaisantes.

La premiere de ces deux Planches représente le plan & l'élévation d'une porte triomphale, décorée d'une ordonnance Composite, couronnée d'un Attique, au-dessus duquel est une statue représentant la Déesse de la Guerre.

La deuxieme représente le plan & l'élévation de la même porte triomphale, décorée d'une expression d'Ordre Composite.

PLANCHES XXXIII, XXXIV, XXXV & XXXVI.

Application de l'Ordre Composite à un magnifique Arc de Triomphe.

Un arc de triomphe élevé à la gloire d'un Prince, doit être riche & somptueux; son extérieur disposé agréablement, doit porter un caractere de majesté digne du Prince en l'honneur de qui il a été érigé; c'est dans ce seul monument, peut-être, où l'Artiste peut se permettre de prodiguer les allégories les plus ingénieuses, les ornements les plus recherchés, les sculptures les plus parfaites, & les matieres les plus précieuses, quelquefois s'éloigner tant soit peu d'une sévérité réguliere & seche, pour donner carriere à son génie, & enfanter les productions les plus sçavantes & les plus agréables.

La premiere de ces quatre Planches représente le plan d'un arc de triomphe, distribué très-régulierement.

La deuxieme représente l'élévation principale du même arc de triomphe, décoré d'un Ordre Composite, élevé sur un piédestal, couronné au milieu d'un attique, au-dessus duquel est élevé la statue du Prince; les parties latérales terminées en terrasses.

La troisieme représente l'élévation latérale du même arc de triomphe, établi sur les mêmes proportions, & décoré dans le même goût des parties latérales de la façade principale.

La quatrieme représente la coupe du même arc de triomphe, qui fait voir l'intérieur & le développement des terrasses placées latéralement.

FIN.

TABLE

Des Chapitres contenus dans la troisieme Partie.

Fin de la Table.

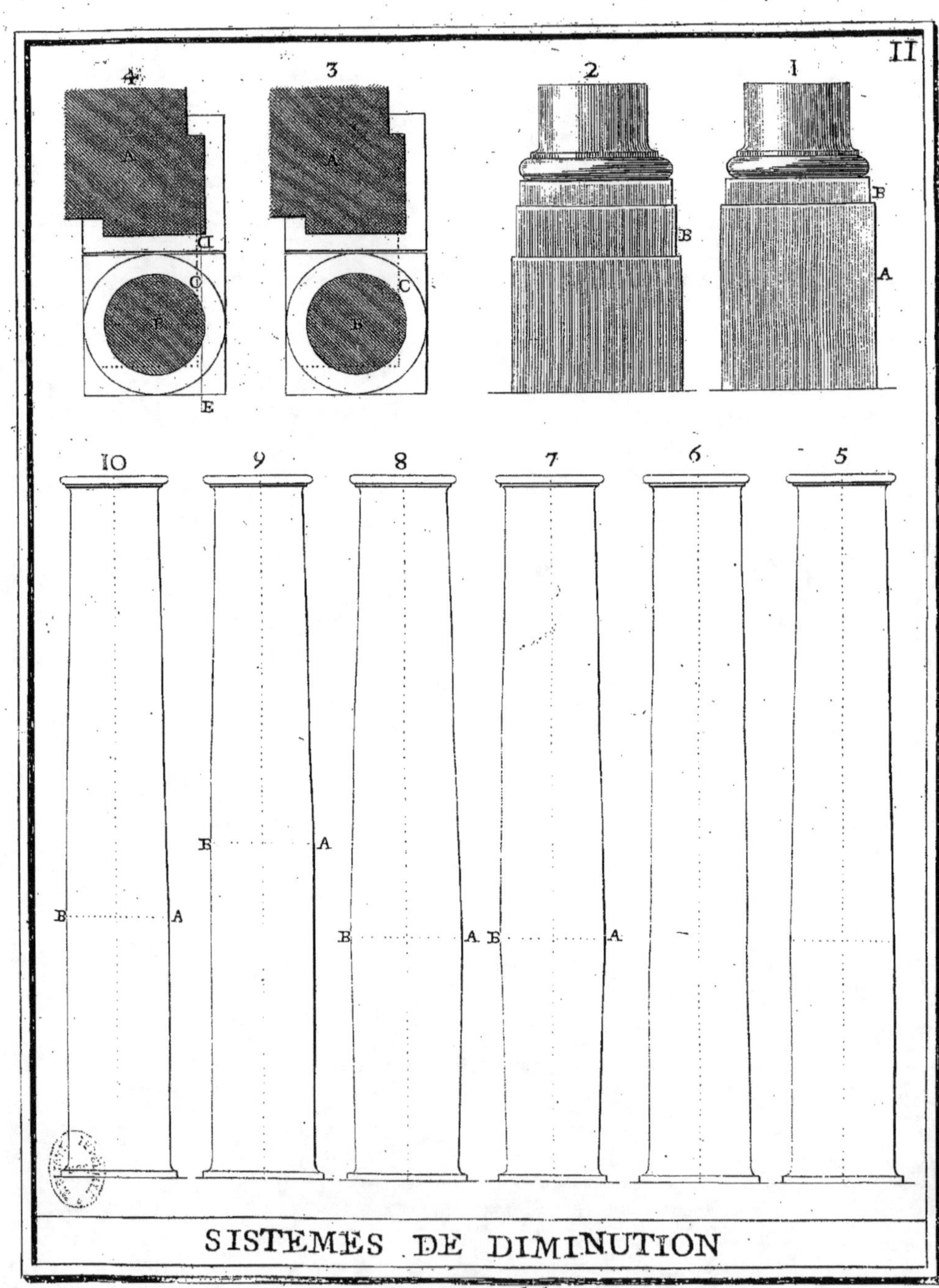

SISTEMES DE DIMINUTION

J. R. Lucotte *del.*

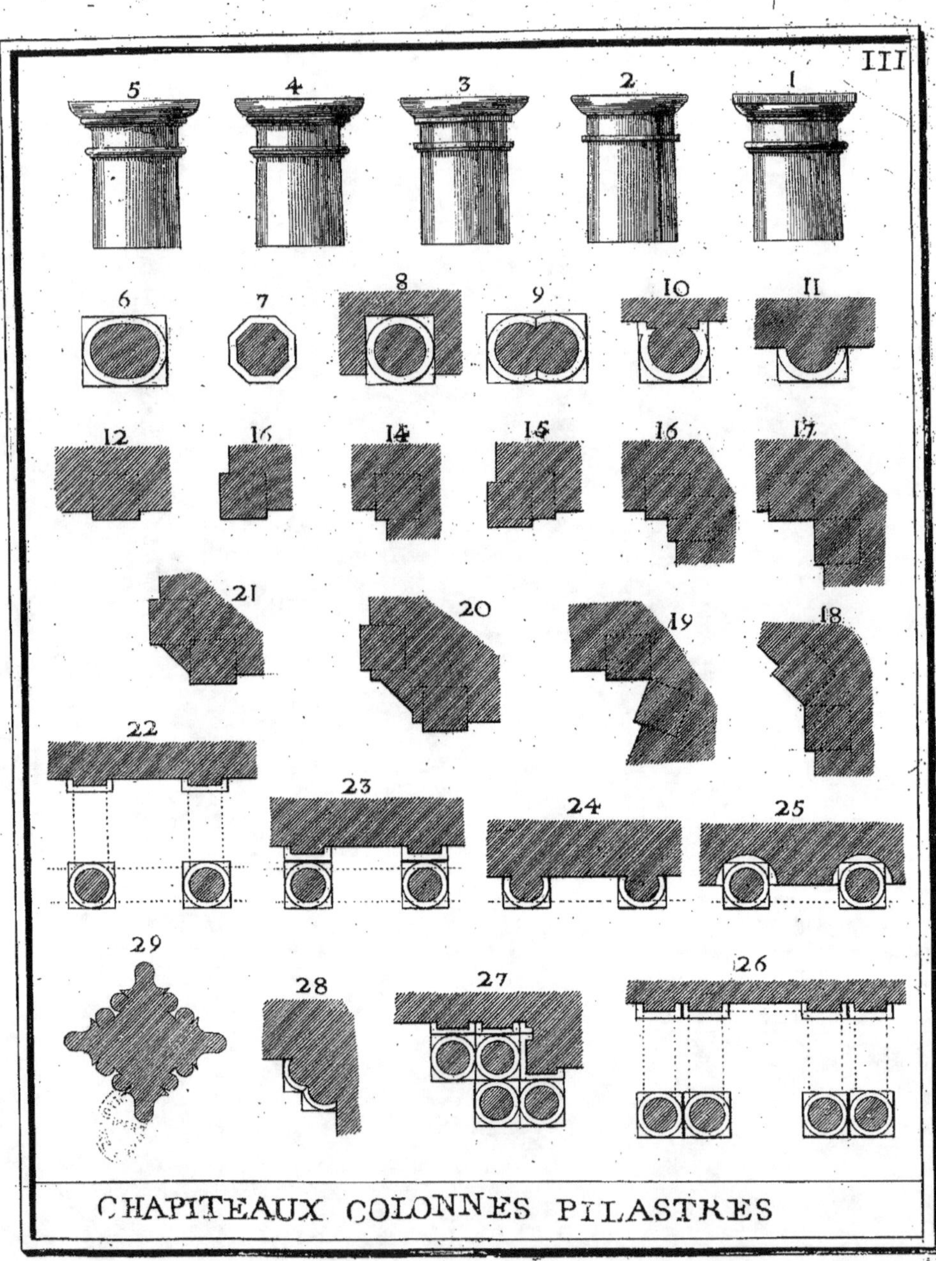

CHAPITEAUX COLONNES PILASTRES

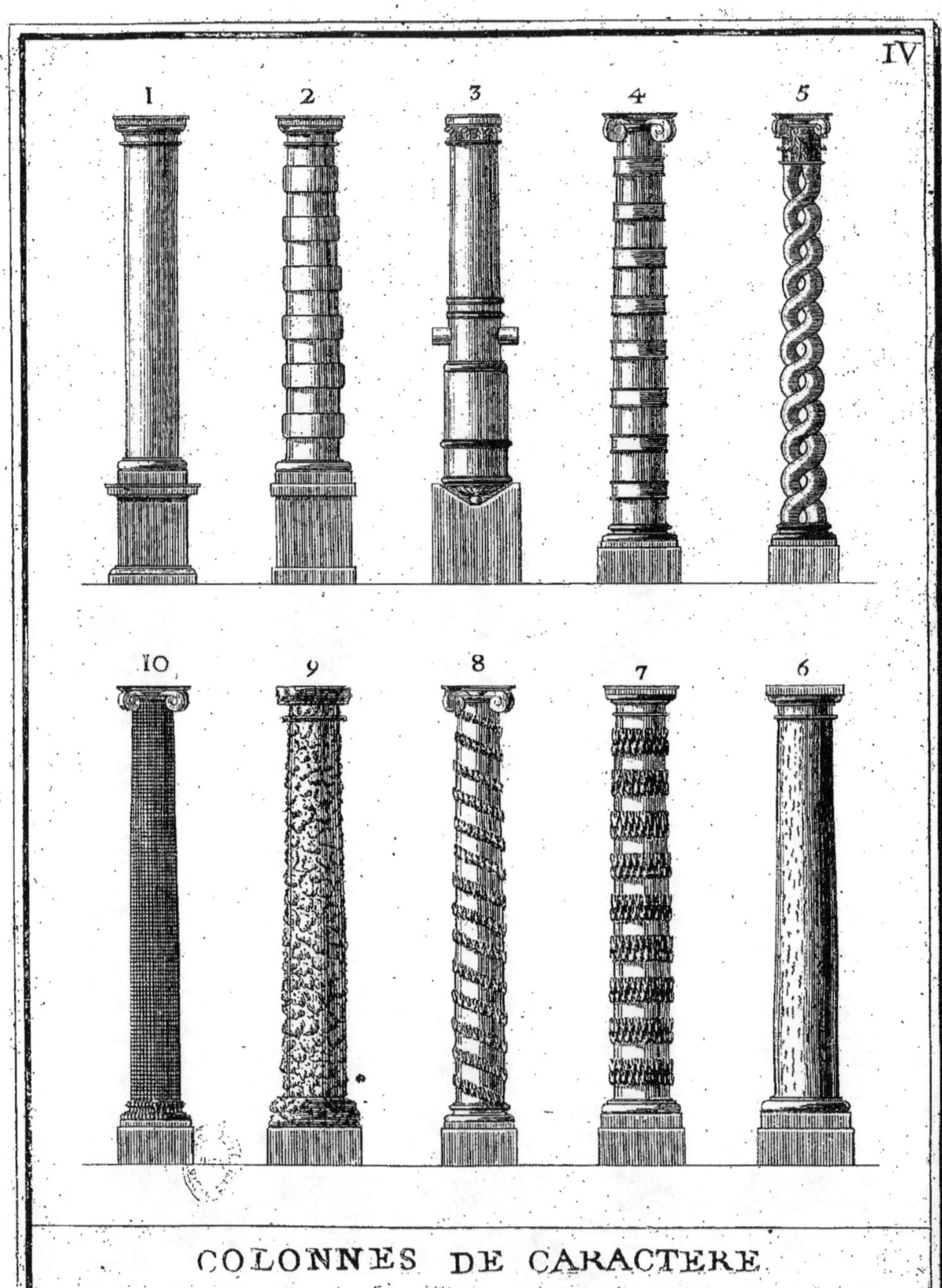

COLONNES DE CARACTERE

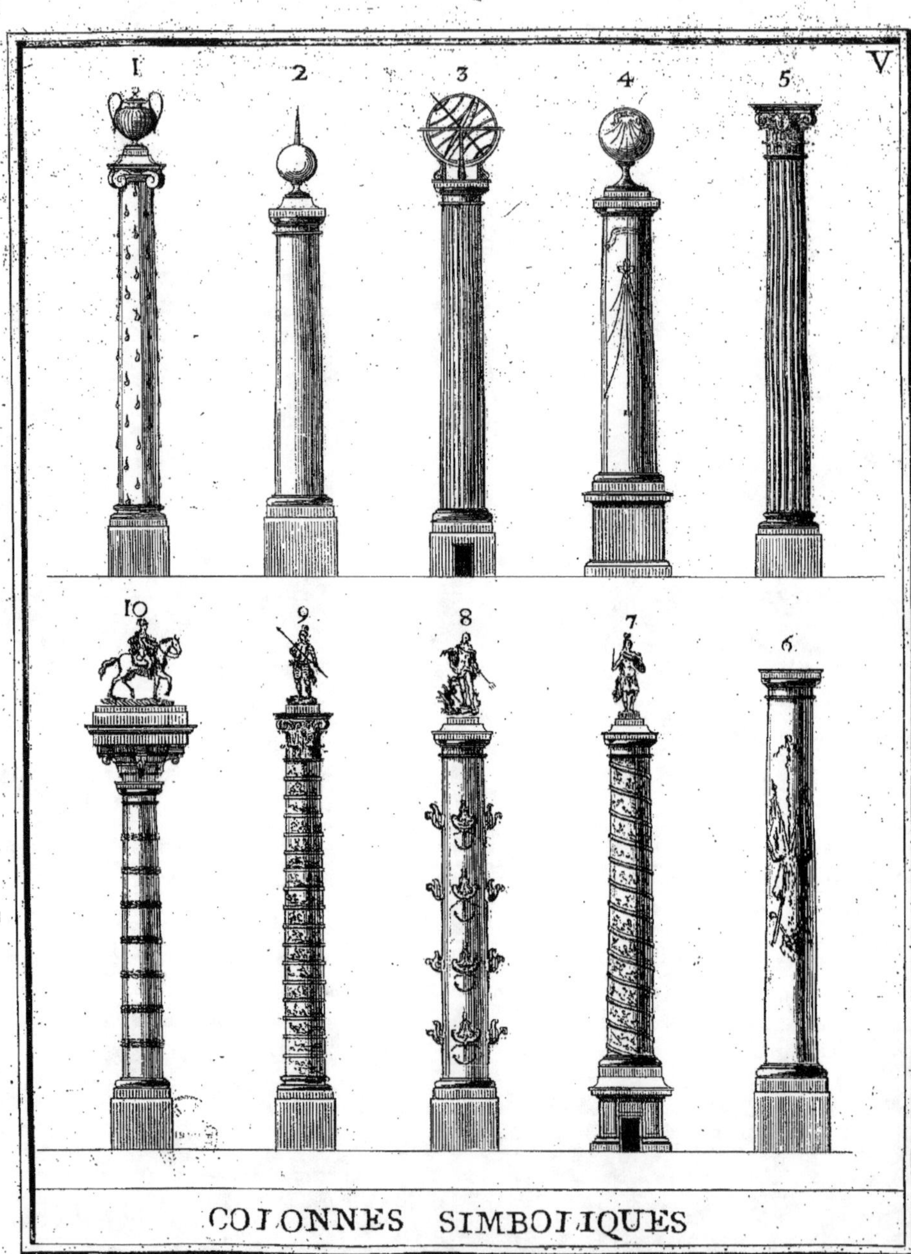

COLONNES SIMBOLIQUES

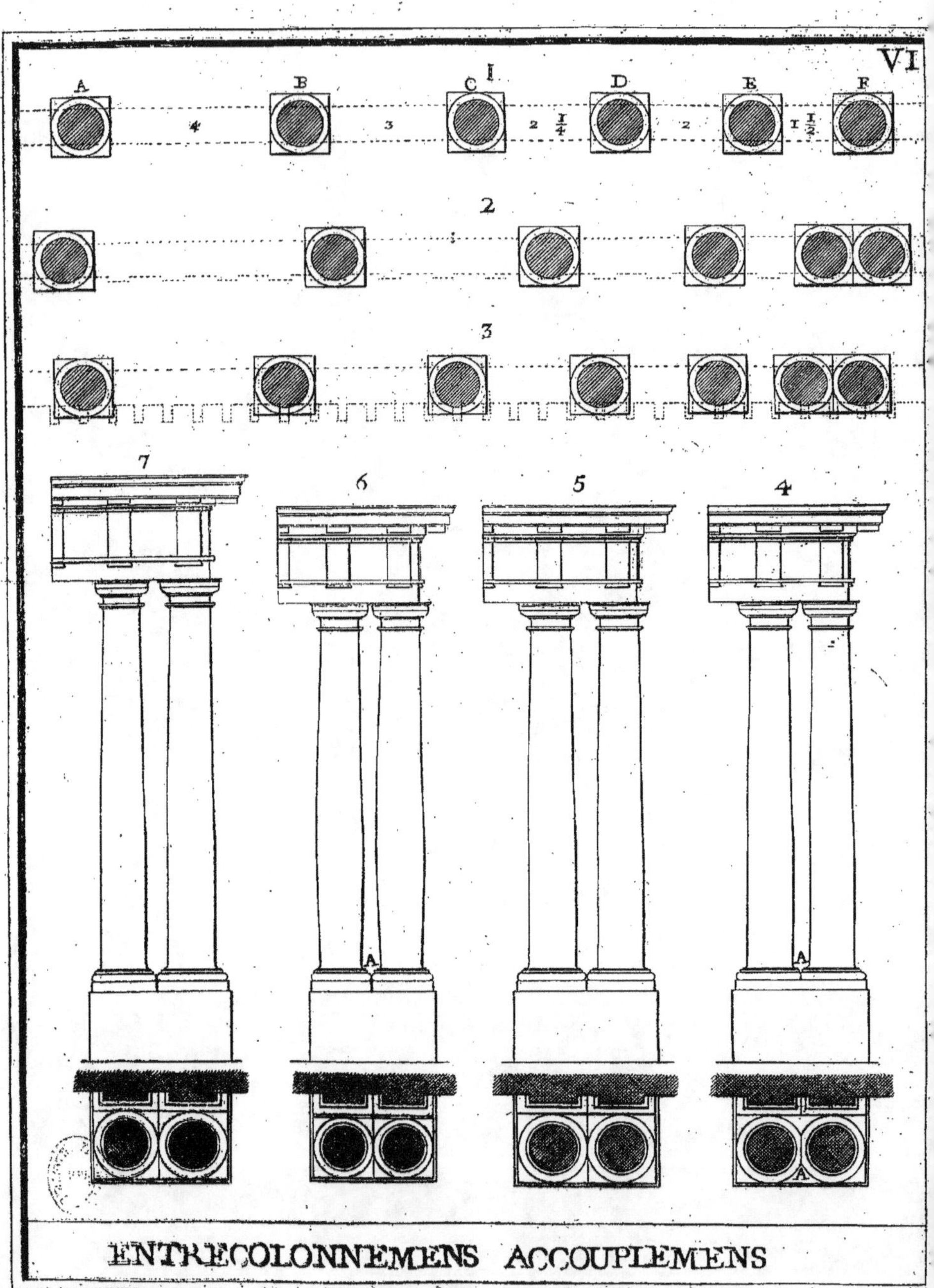

ENTRECOLONNEMENS ACCOUPLEMENS

VII

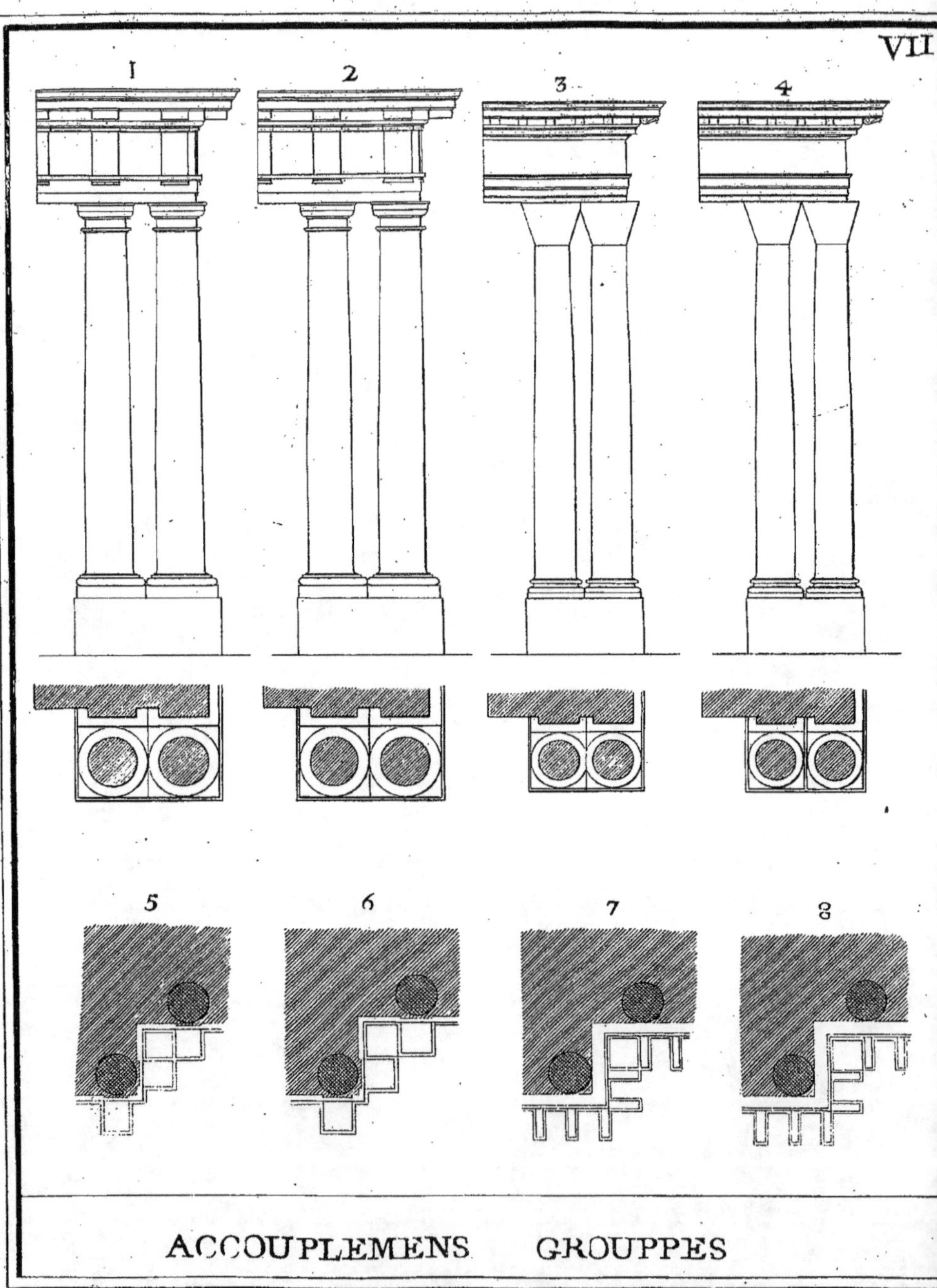

ACCOUPLEMENS GROUPPES

PORTIQUE TOSCAN

IX.
PORTIQUE DORIQUE

PORTIQUE IONIQUE

PORTIQUE CORINTHIEN

XII
PORTIQUE COMPOSITE

LES ORDRES GRECS

LES ORDRES GRECS CORRIGÉS

ORDONNANCE

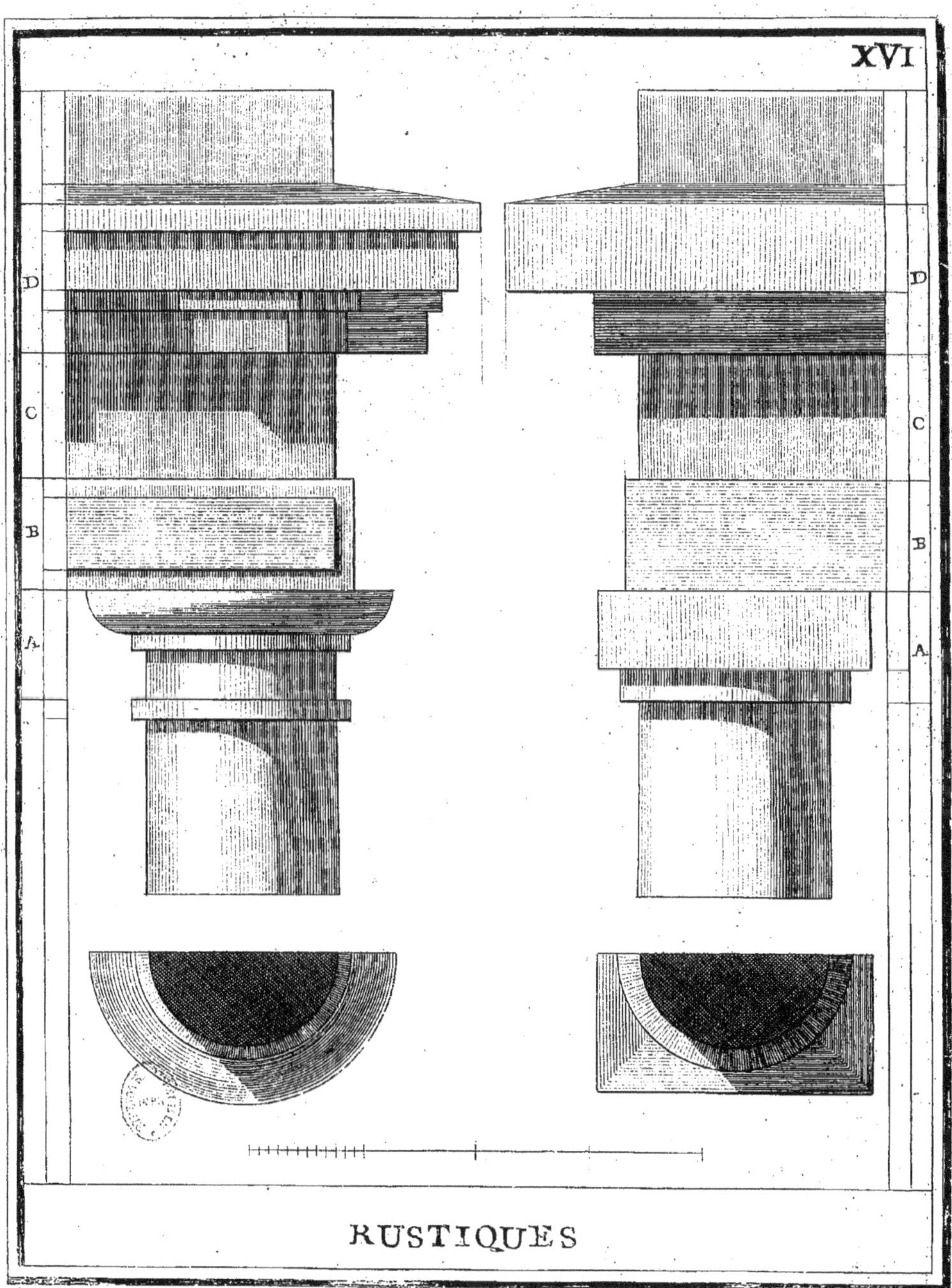

XVI

RUSTIQUES

TOSCANS

DORIQUES

IONIQUES

CORINTHIENS

COMPOSITES

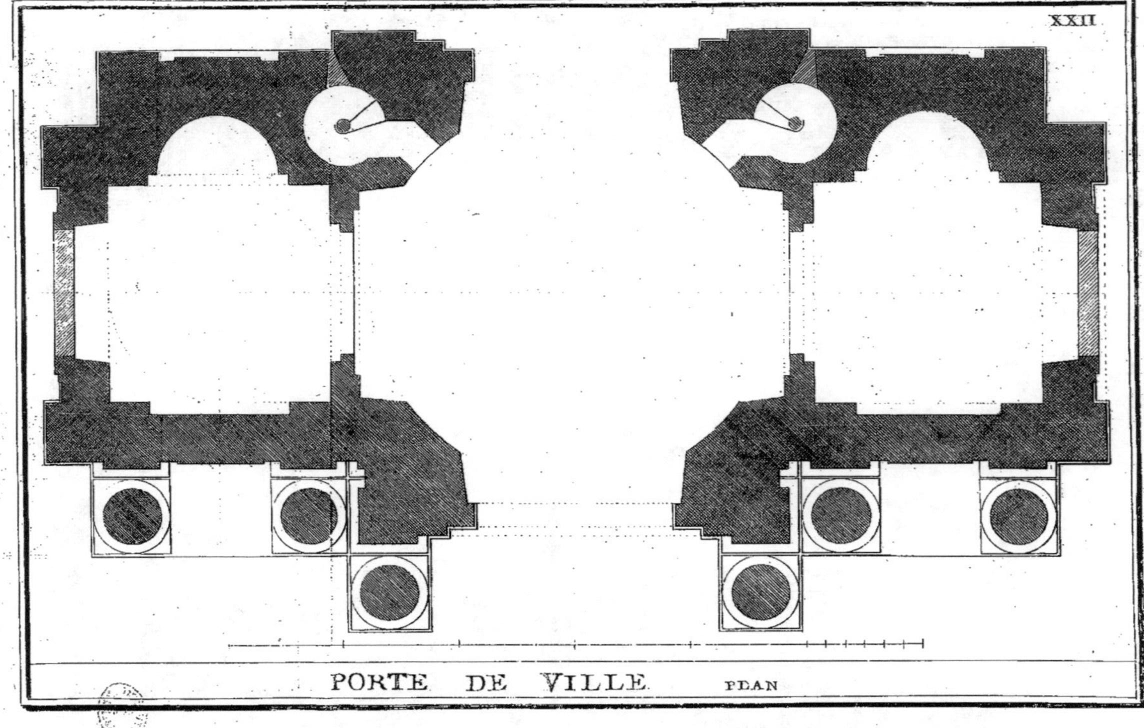

PORTE DE VILLE. PLAN

XXIII

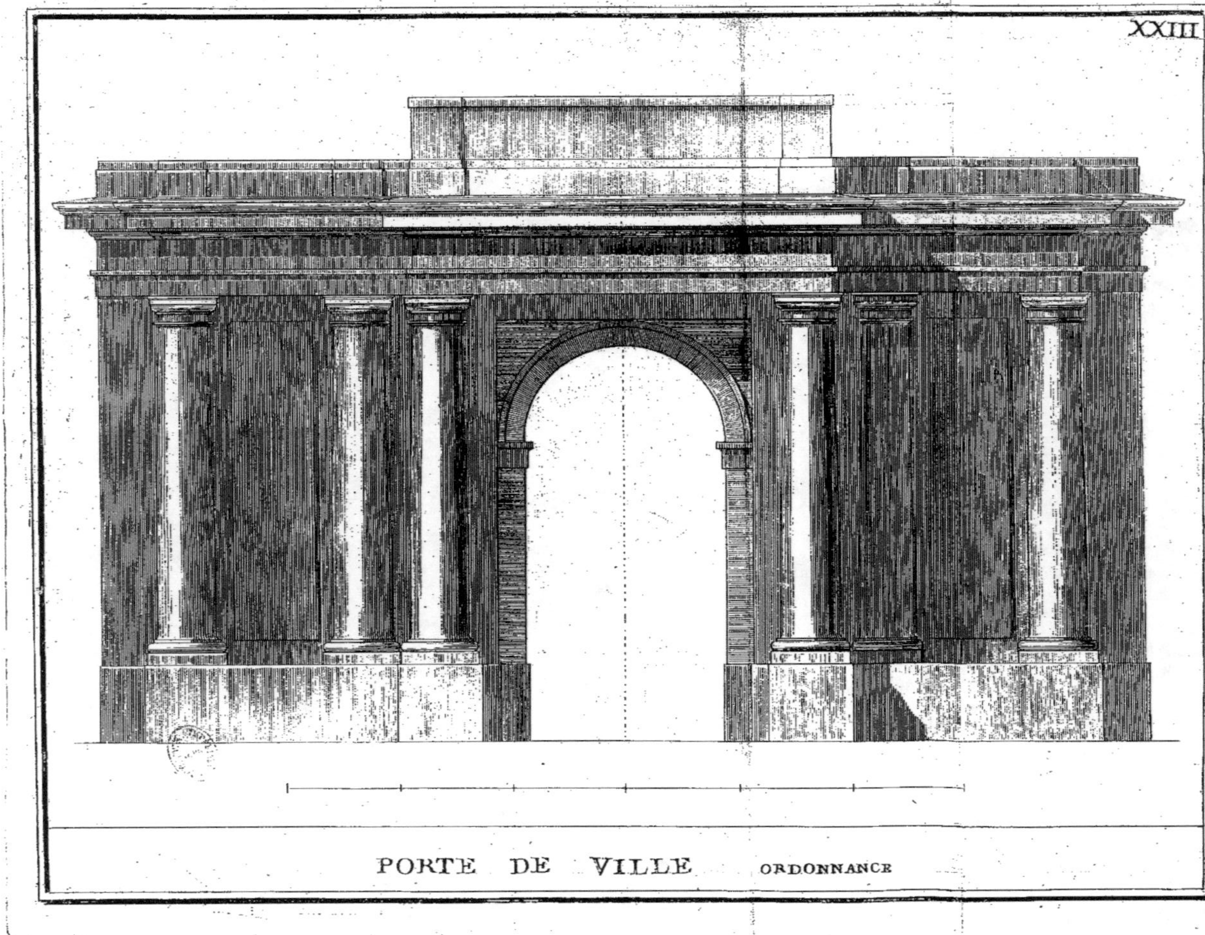

PORTE DE VILLE ORDONNANCE

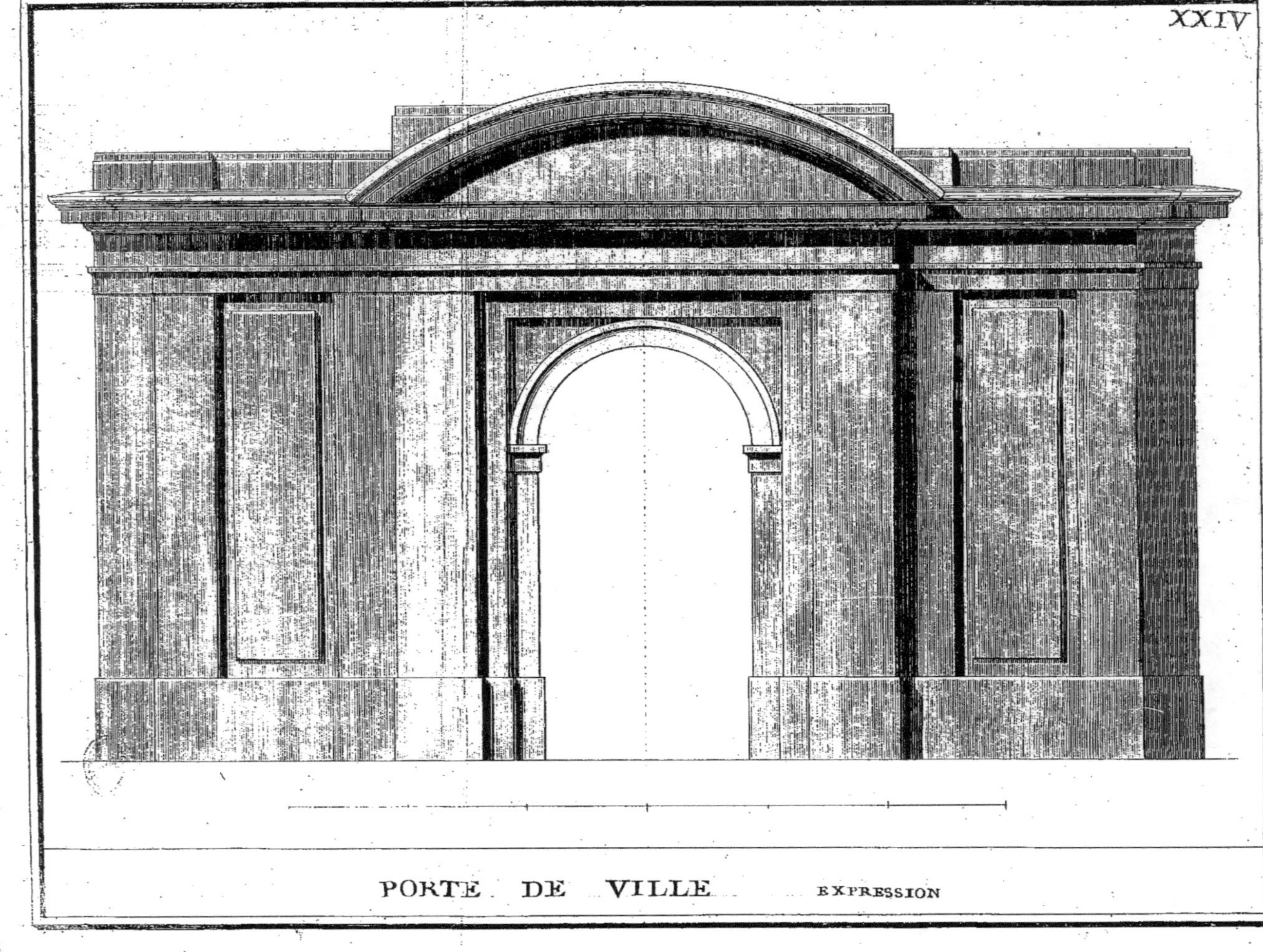

PORTE DE VILLE EXPRESSION

XXV
FONTAINE ORDONNANCE

XXVI

FONTAINE EXPRESSION

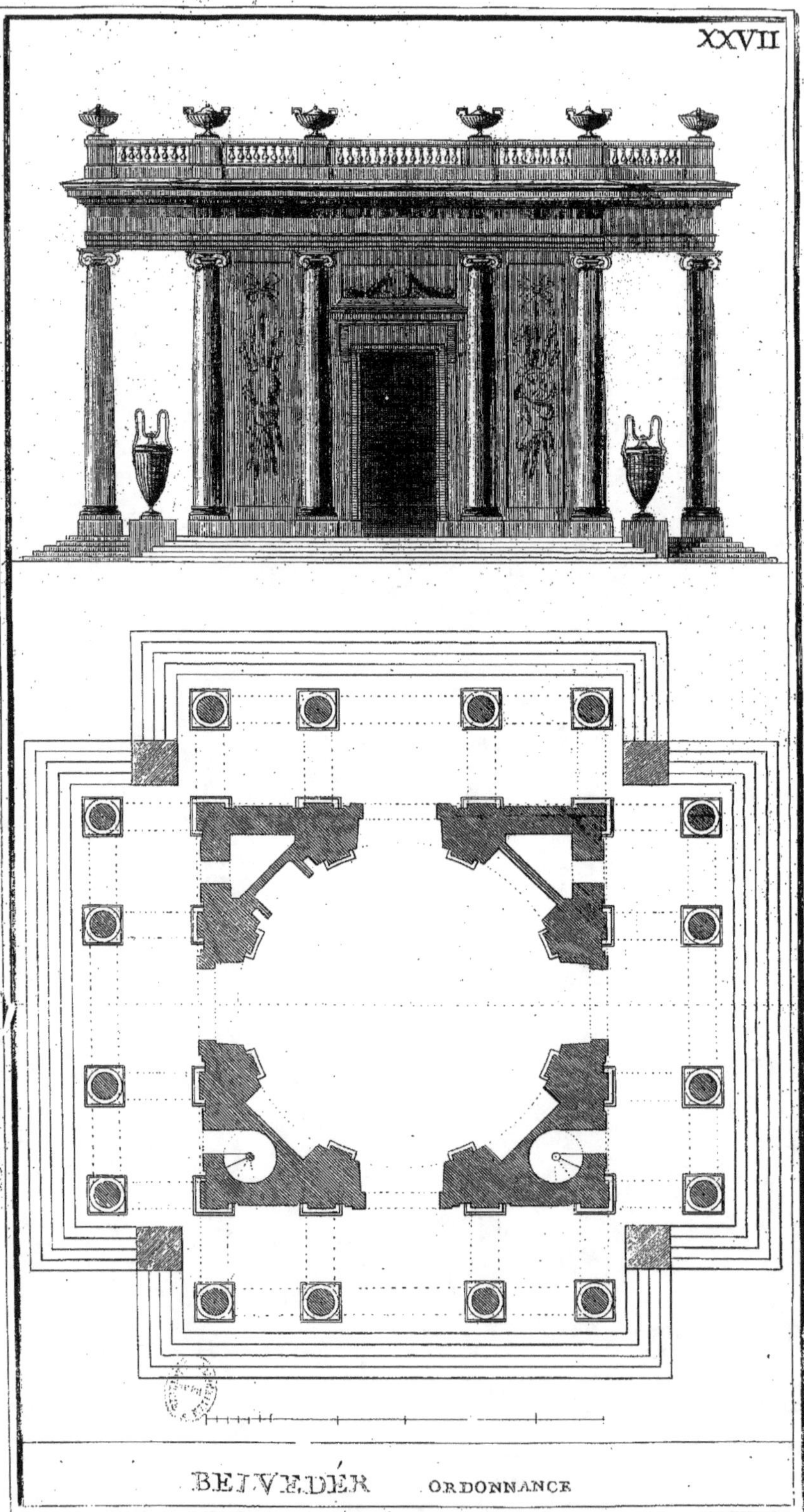

XXVII

BELVEDÉR ORDONNANCE

XXVIII

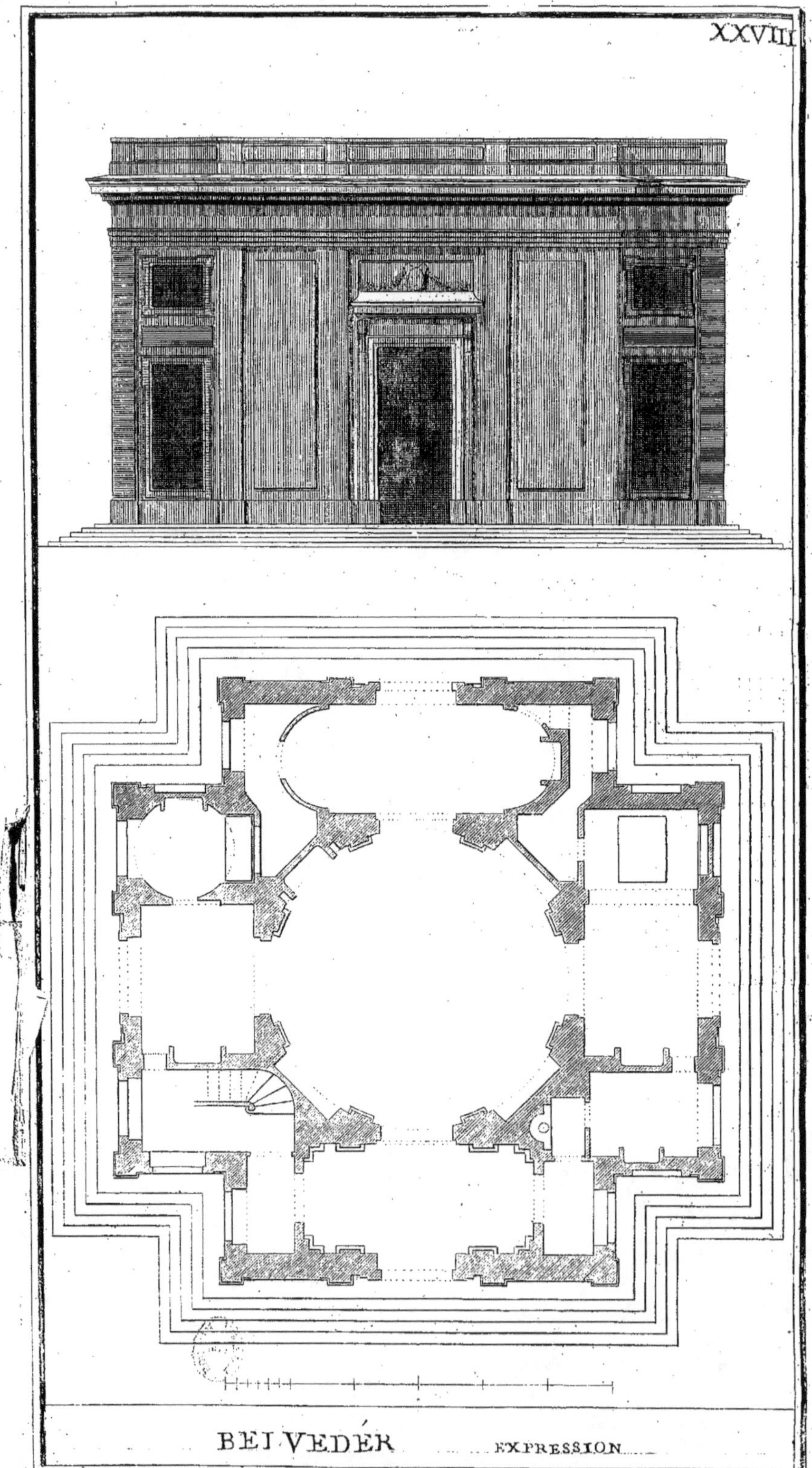

BELVEDER ..... EXPRESSION

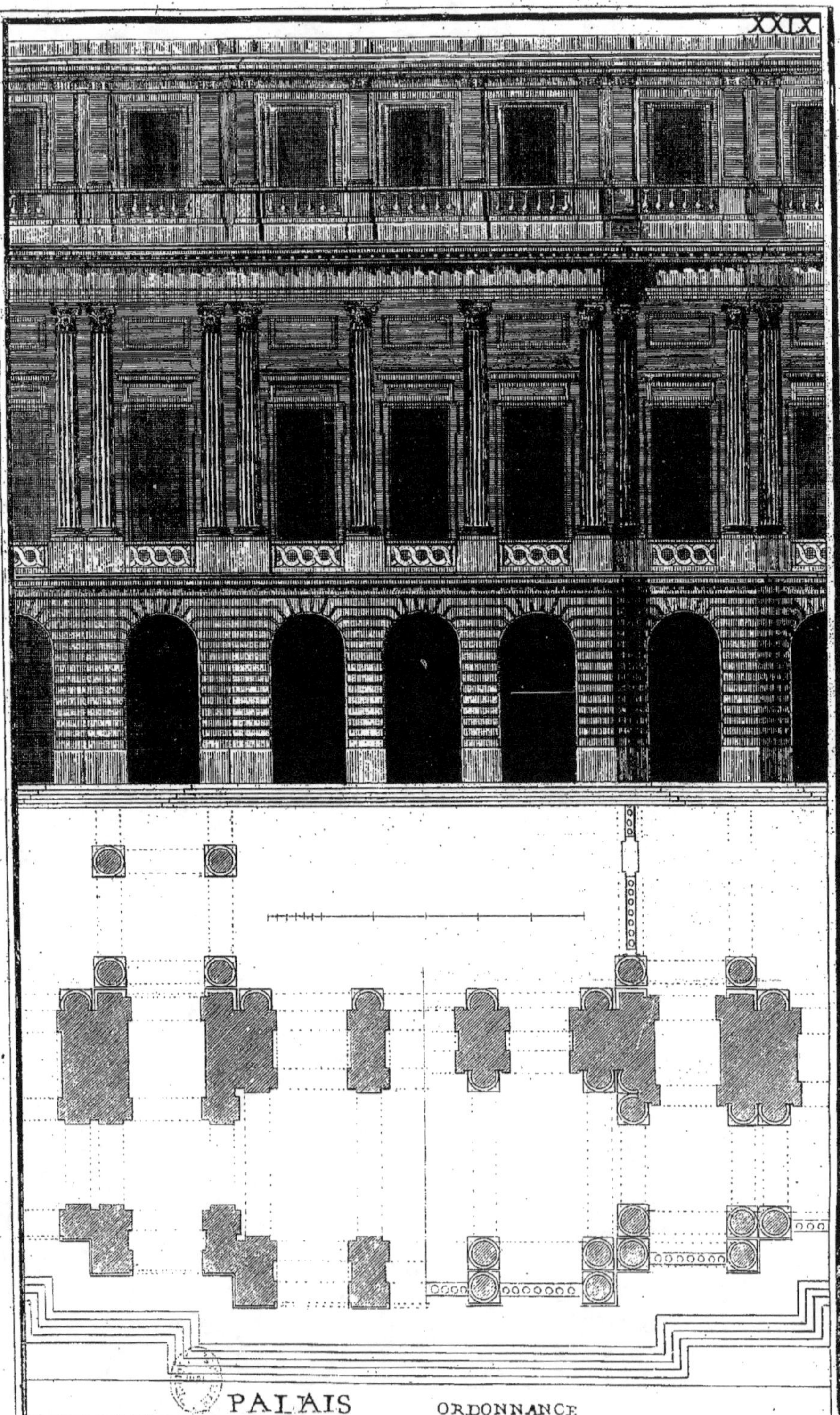
XXIX
PALAIS
ORDONNANCE

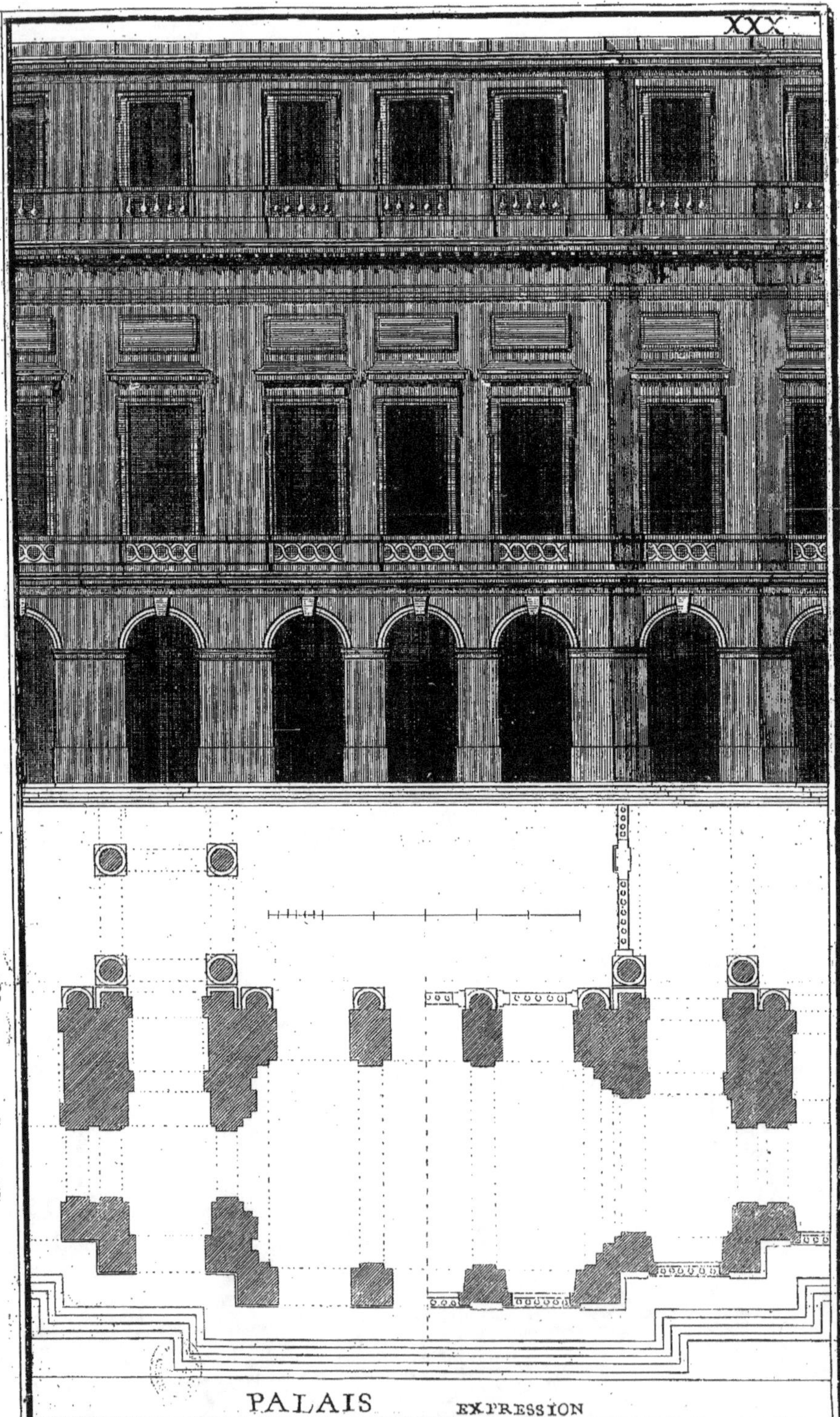
XXX
PALAIS
EXPRESSION

XXXI.

ARC DE TRIOMPHE ORDONNANCE

XXXII

ARC DE TRIOMPHE EXPRESSION

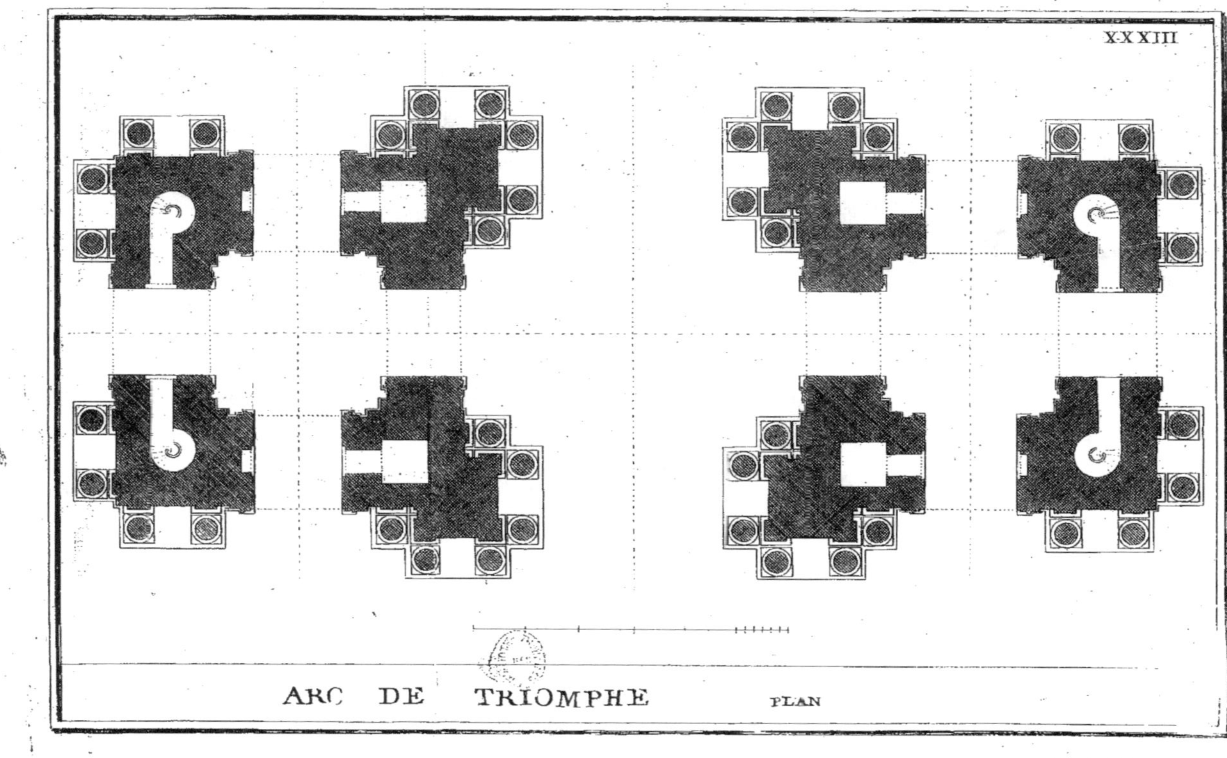

ARC DE TRIOMPHE

PLAN

ARC DE TRIOMPHE FACE PRINCIPALE

XXXV

ARC DE TRIOMPHE FACE LATERALE

XXXVI

ARC DE TRIOMPHE COUPE

www.ingramcontent.com/pod-product-compliance
Lightning Source LLC
LaVergne TN
LVHW010612110826
845149LV00003B/877

* 9 7 8 2 0 1 2 7 3 0 4 0 3 *